Friederika-Luba von Cohlem
und Christina Zacker

24. August bis 23. September

Jungfrau

Mit farbigen Illustrationen
von Olaf Thiede

INHALT

KAPITEL
♍
1
Macrocosmus

So kommen Jungfraudame/Jungfraumann am besten klar

Herzlichen Glückwunsch! Sie sind eine Jungfrau. Und damit sind Sie unter einem Sternzeichen geboren, das Ihnen die Fähigkeit gibt, für alles und jeden Interesse zu zeigen. Ihre Logik und Ihr messerscharfer Verstand sind sozusagen Legende.

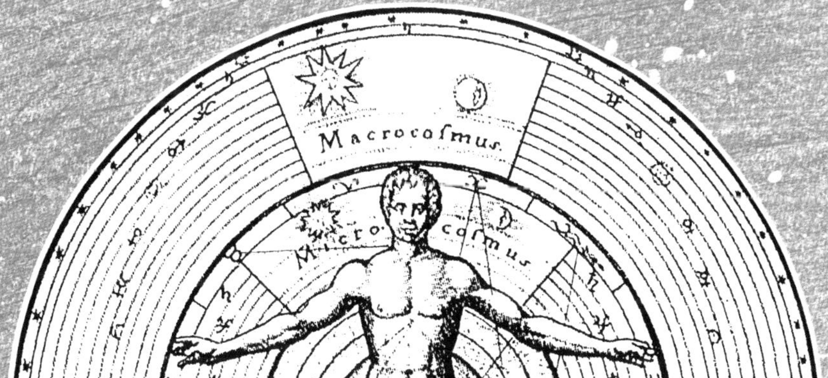

Die Jungfrau – ein Erdzeichen – besticht durch Logik und messerscharfen Verstand, auch wenn die unter diesem Zeichen Geborenen nicht ausschließlich in wissenschaftlichen Berufen Karriere machen.

Sie sind ein Glückskind!

Herzlichen Glückwunsch! Sie sind eine Jungfrau. Und damit gehören Sie zu den vielbeneideten Menschen, die für alles und jeden Interesse zeigen. Ihre Logik und Ihr messerscharfer Verstand sind sozusagen Legende. Außerdem haben Sie ein ganz besonderes Händchen für Finanzen und werden deshalb kaum Probleme damit haben, schon in jungen Jahren zu Wohlstand zu kommen. Kümmern Sie sich nicht darum, wenn andere behaupten, das läge nur an Ihrer übersteigerten Sparsamkeit oder sogar an Ihrem Geiz. Sie wissen: Reichtum ist keine Sünde!

In der Liebe zeigt sich die Jungfrau häufig etwas spröde. Sie wissen zwar genau, was Sie wollen; aber dabei bleibt das Einfühlungsvermögen für andere – auch fürs andere Geschlecht – manchmal auf der Strecke. Bei Ihnen steht der Verstand oft über dem Gefühl, deshalb fällt es Ihnen schwer, sich einfach fallenzulassen, einem anderen Menschen völlig zu vertrauen. Sie sehnen sich jedoch nach Liebe, nach einer Partnerschaft, in der Sie ohne Mißtrauen ein gemeinsames Leben aufbauen können.

Natürlich ist ein gesundes Mißtrauen in allen Lebenslagen angebracht. Schließlich sollen Sie nicht blauäugig-naiv auf jeden leichtlebigen Playboy oder jedes geldgierige Betthäschen hereinfallen. Aber keine Sorge! Jungfrauen können an sich arbeiten. Sie sind hochintelligent und machen keinen Fehler zweimal. Wenn Sie also vielleicht schon in frühester Jugend jemand auf Ihr allzu intellektuelles Verhalten hinweist, sind Sie durchaus in der Lage, sich zu ändern. Zwar werden Sie niemals überschwenglich und völlig ohne Arg auf andere Menschen zugehen, aber Sie werden lernen, daß man nicht auf Offenheit hoffen darf, wenn man sich selbst nicht für neue Bekanntschaften und Freundschaften öffnet.

Herz und Verstand

Herz und Verstand weisen bei Jungfraugeborenen nicht immer den gleichen Weg.

Wie jeder andere Mensch brauchen Herr und Frau Jungfrau den Kontakt zu anderen. Selbst wenn Ihr Hirn Alarmstufe Rot ausruft, wenn Sie gerade eben eine engere Bindung mit Ihrem Gegenüber eingehen wollen: Hören Sie auch einmal auf Ihr Herz. Haben Sie jedoch erst die Frau Ihres Herzens – oder Ihren Traumprinzen – gefunden, so sind Sie an Treue kaum zu überbieten. Selbst wenn Sie kein leidenschaftlich-romantischer Liebhaber sind, sondern eher ein unterkühltes Wesen zeigen, im Flirten sind Sie ein wahrer Meister. Herr Jungfrau kann gut reden, ist dabei offen und ehrlich. Und so manche Frau zieht genau das an – vor allem, wenn sie bereits einige Enttäuschungen hinter sich hat.

Als Dame dieses Sternzeichens zögern Sie bei neuen Bekanntschaften zunächst. Sie haben es schwer, sich einfach so und immer wieder zu verlieben. Ihr Flirten wirkt oft sehr unterkühlt. Ihre Vorstellungen von dem Mann Ihres Lebens haben Sie genau im Kopf. Einen perfekten Partner gibt es jedoch nicht – Sie werden immer einen Kompromiß eingehen müssen.

Das Äussere

Jungfraugeborene kann man meist schon an ihrem Äußeren erkennen. Viele Jungfraumänner haben eine hohe, gut entwickelte Stirn. Ihre Figur ist schlank, teilweise mit hängenden Schultern. Sie wissen, was Sie wert sind und wieviel Verstand Sie haben. Ihre Miene verrät deshalb Selbstsicherheit, ohne daß Sie arrogant wirken. Sie fügen sich unauffällig in jede Gesellschaft ein, bekommen jedoch alles mit, was Sie interessiert. Sie mögen es durchaus, gelegentlich mal im Mittelpunkt zu stehen; doch Sie sind auch damit zufrieden, nur zu beobachten und genau hinzuhören. Als Jungfraumann sind Sie immer gepflegt. Oftmals tragen Sie einen Bart – der wuchert dann aber nicht wild im Gesicht, sondern ist gut gestutzt und ausrasiert. Ein ungepflegt aussehender Dreitagebart ist nichts für Sie, ebenso wie Machogesten Ihrem Charakter fernliegen.

Jungfrauen gehen erhobenen Hauptes durchs Leben, denn schließlich wissen sie, was sie wert sind.

Weibliche Jungfrauen sind meist attraktiv, aber sehr verschlossen. Man(n) kann Sie gewiß nicht auf den ersten Blick durchschauen. Ihr forschend-nüchterner Blick ist typisch für Sie, ebenso Ihre Höflichkeit und Zuverlässigkeit.

Das jugendlich-strahlende Aussehen, mit dem Sie den Männern den Kopf verdrehen, bleibt Ihnen lange erhalten. Denn Ihre Schönheit ist ein Produkt vor allem Ihrer inneren Haltung, und Ihre Erotik ist zwar kopfgeboren, bleibt aber nicht auf diese Körperregion beschränkt. Sie sind immer schick, aber niemals zu auffällig gekleidet. Auf Partys spielen Jungfrauen nicht unbedingt die Hauptrolle. Sie hören gerne bei Gesprächen zu – nicht, weil Sie ordinäre Neugier zeigen, sondern weil Sie Ihr Wissen erweitern wollen.

Die wissbegierige Jungfrau

Als Jungfraumann sind Sie ein eher nüchterner, vielseitig interessierter Mensch. Ihre Ehrlichkeit zeichnet Sie aus. Ihre offene Kritik läßt Sie respekteinflößend wirken. Sie erkennen die Schwächen anderer sofort, können Ihre Meinung darüber nicht zurückhalten und wirken dann hin und wieder fast beleidigend. Sie halten mit Ihrer Ansicht eben nicht hinterm Berg; das macht Sie manchmal einsam. Kritik an Ihrer eigenen Person stecken Sie nicht einfach weg. Sie haben schon daran zu knabbern, wenn man Ihnen mit Vorwürfen kommt. Sind diese jedoch berechtigt, so antworten Sie logisch und versuchen, Ihr Gegenüber vom Gegenteil zu überzeugen.
Weibliche Jungfrauen gelten als sehr anpassungsfähige Wesen mit viel Geist. Ihr Wissensdurst könnte manchmal als Neugier ausgelegt werden – wären Sie nicht so bescheiden und würden Sie nicht das Vertrauen Ihrer Mitmenschen in fast allen Bereichen des Lebens genießen. Im Grunde sind Sie schüchtern, zurückhaltend und fühlen sich oft allein gelassen. Allerdings gilt dies nur im Privatleben. Im Beruf haben Sie bei Ihrer besonderen Leistungsfähigkeit keine Zeit, über so etwas überhaupt nachzugrübeln.

Die 12 positivsten Eigenschaften, die Jungfrauen nachgesagt werden.

Jungfrauen sind

- *strebsam*
- *selbstsicher*
- *ideenreich*
- *willensstark*
- *tolerant*
- *warmherzig*
- *sparsam*
- *kommunikativ*
- *einfühlsam*
- *uneigennützig*
- *pflichtbewußt*
- *hilfsbereit*

Ordnung ist für Sie eines der obersten Lebensprinzipien, und das wird man in Ihrer Wohnung oder Ihrem Haus schnell merken: Die Wohnung einer Jungfrau ist sehr überlegt eingerichtet. Sie verbringen viel Zeit damit, Möbel auszusuchen und zu kaufen. Ihre Ordnungsliebe und Sparsamkeit kann Ihren Partner, aber auch Familie und Bekannte manchmal ganz schön nerven. In Ruhe nach dem Essen am Tisch sitzenzubleiben, nicht sofort das Geschirr abzuräumen, sondern mit Freunden beim Gespräch zusammenzusitzen – das schafft kaum eine Jungfrau.

Ihr Alltagsleben spielt sich meist in geregelten Bahnen ab. Wehe, wenn der althergebrachte und bewährte Ablauf einmal gestört wird. Ihre (über)große Vorliebe für Ordnung und Pünktlichkeit kann zu Pedanterie ausarten. Das zeigt sich auch in Ihrer Arbeit. Stets streben Sie nach Perfektion. Alles muß rationell und methodisch vor sich gehen. Ihre Überzeugung, daß gute Organisation die halbe Miete ist und somit zum Erfolg führen muß, läßt sich auf Ihr ganzes Leben übertragen.

Jungfrauen neigen manchmal dazu, anderen ihre eigenen Überzeugungen aufdrücken zu wollen. Aber selbst wenn Ihnen als Jungfrau mal was total gegen den Strich geht: Versuchen Sie lieber nicht mit Verboten oder gar fanatisch-missionarischem Eifer zu überzeugen, sondern durch Ihr Vorbild.

Zur Lebensfreude gehört selbstverständlich nicht nur die Arbeit, sondern auch Hobbys. Jungfrauen haben ein Faible für die Natur – Gartenarbeit könnte also eines Ihrer Steckenpferde sein. Ihnen liegt es, unter freiem Himmel zu werkeln und zu wirken. Besonders Damen dieses Sternzeichens haben häufig eine gute Hand für Pflanzen und Blumen. Ihr „grüner Daumen" läßt Topfpflanzen selbst in ungeeigneten Wohnlagen gedeihen. Außerdem sind Sie sehr interessiert an Literatur und Musik. So manche Jungfrau macht als

Laienschauspieler in einer Theatergruppe Furore. Da können Sie nämlich zumindest einen Teil Ihrer Gefühle ohne Anspannung verarbeiten.
Zum Sport fühlen sich Jungfrauen nur in der Jugend hingezogen. Später dann werden sie meist faul. Dabei wäre gerade das wichtig für Sie: Sie sollten mit Eifer gesunde Fitneß anstreben.
Jungfrauen sind in bezug auf Gesundheitspflege besonders eitel. Sie sind bestrebt, stets und überall vollkommen zu sein. Ihr Körper und dessen Fitneß gehören da einfach dazu. In der Astromedizin entsprechen dem Sternzeichen Jungfrau Darm, Galle und Leber. Jegliches Anzeichen einer Krankheit in dieser Körperregion werden Sie deshalb besonders kritisch und ängstlich unter die Lupe nehmen. Ständiges Grübeln und Suchen nach Symptomen jedoch führt auf Dauer zu eingebildeten Krankheiten. Jungfrauen neigen dazu, beim kleinsten Zipperlein sofort zur bestens gefüllten Hausapotheke zu greifen. Finden Sie da nicht die rechte Arznei, wird sofort der Hausarzt alarmiert. Ihre Devise: Vorbeugen ist besser als heilen. Und so werden Sie lieber einmal zu oft den Notarzt rufen.

Die 12 negativsten Eigenschaften, die Jungfrauen nachgesagt werden.

Jungfrauen sind

- *rechthaberisch*
- *eingebildet*
- *pedantisch*
- *wankelmütig*
- *taktlos*
- *unausgeglichen*
- *aufdringlich*
- *geizig*
- *herzlos*
- *arrogant*
- *herrschsüchtig*
- *egoistisch*

Kapitel

Typisch Jungfrau

Natürlich sind fürs Horoskop zunächst Ihr Geburtsdatum und das Sonnenzeichen entscheidend. Auch der Planet, der dieses Zeichen beherrscht, hat bestimmenden Einfluß auf Ihren Charakter. Aber noch ein zweites Tierkreiszeichen hat für Sie Bedeutung. Es ging in der Minute Ihrer Geburt am östlichen Horizont auf. Man nennt es Aszendent.

Merkur – als Planet des Intellekts bezeichnet – ist die Gabe zugeschrieben worden, über Verstand und sprachliche Gewandtheit, zu regieren.

Die Planeten

In der Astrologie kennt man zehn Planeten. Man zählt – ganz im Gegensatz zur strengen astronomischen Wissenschaft – auch die Sonne und den Mond dazu.
Als Jungfrau werden Sie vom Merkur regiert, den Sie sich mit den Zwillingen teilen müssen. Doch während für die Zwillingsgeborenen der junge Merkur, der knabenhafte Götterbote, zuständig ist, wird der Jungfrau der reife Merkur, der den Hermesstab als Zeichen der scharfen Intelligenz mit sich führt, traditionell zugeordnet. Sternenkundige nennen Merkur deshalb den Planeten des Intellekts – er regiert den Verstand, und somit fallen auch sprachliche Gewandtheit und technische Begabung in seinen Einflußbereich. Wer den Merkur als Regenten hat, gilt als lebhaft und ideenreich.

Welche Jungfrau sind Sie?

Astrologisch sind natürlich nicht alle Jungfrauen gleich: Neben dem „Sonnenzeichen“ – also dem Sternbild, in dem bei Geburt der „Planet“ Sonne stand – ist der Aszendent von entscheidender Bedeutung. Er ist oft nicht mit dem Sonnenzeichen identisch, wirkt sich jedoch auf den Charakter eines Menschen – besonders in dessen zweiter Lebenshälfte – ebenfalls stark aus. Die Sonne – so sagten die Astrologen der Antike – ist himmlisch, der Mond gefühlsbetont, der Aszendent weltlich. Im Anhang finden Sie Tabellen, mit denen Sie Ihren Aszendenten leicht bestimmen können. Und so wird Ihre Jungfraupersönlichkeit beeinflußt:

Aszendent Widder läßt Sie voll Leidenschaft und Ungeduld auf Ihre Ziele losgehen. Das steht im krassen Gegensatz zu Ihrer Vernunft – und deshalb sind Sie innerlich manchmal hin- und hergerissen.

Aszendent Stier macht's möglich, daß Sie als sonst eher sparsame Jungfrau hin und wieder Spaß am Genießen entdecken. Sie sind nicht mehr überkritisch, sondern lassen auch die Ansichten anderer gelten.

Aszendent Zwillinge läßt Sie Höchstleistungen vollbringen. Sie stehen ständig unter Strom – das tut Ihrer Gesundheit nicht gut. Sie gelten als liebens- und begehrenswert, haben aber wenig Neigung zu einer festen Bindung.

Aszendent Krebs macht Sie häuslich. Ihr Tatendrang ist ungebrochen, tobt sich aber eher in den (eigenen) vier Wänden aus. Sie sind sehr begabt, trotzdem neigen Sie dazu, Ihre eigene Person geringzuschätzen.

Aszendent Löwe gibt Ihnen Selbstsicherheit bis hin zu überheblichem Verhalten. Ihre Hilfsbereitschaft kann in Berechnung umschlagen. Dennoch sind Sie großzügig und in Ihrem Freundeskreis beliebt.

Aszendent Jungfrau verstärkt Ihre sowieso schon vorhandenen Eigenschaften – gute wie schlechte. Oft wirken Sie ein wenig voreingenommen; diese Charakterschwäche überwinden Sie aber schnell.

Aszendent Waage läßt Sie zu einem kunstsinnigen, sensiblen Menschen werden, dem es allerdings etwas an Tatkraft mangelt. Sie erreichen Ihre Ziele erst spät, häufig nicht vor dem 40. Lebensjahr.

Aszendent Skorpion ist manchmal die Ursache, daß Ihre Intelligenz in Zynismus umschlägt. Eiskalt kämpfen Sie um Ihren Erfolg. Nur die Liebe mildert diesen Charakterzug.

Aszendent Schütze macht Sie zu einem wahren Temperamentsbündel. Sie sind gerne unterwegs und großzügiger als andere Jungfrauen – fast ein bißchen leichtsinnig – auch in der Liebe; deshalb bleiben Sie oft Single.

Aszendent Steinbock läßt Ihren Jungfrauehrgeiz voll zum Ausbruch kommen. Dennoch gehen Sie nicht „über Leichen“. Sie leisten viel und wollen dafür den entsprechenden Lohn.

Aszendent Wassermann läßt Sie übersprudeln vor Temperament. Sie haben eine Begabung, manche Dinge vorauszuahnen. Das ist im Job und in der Liebe nicht nur ganz schön praktisch, sondern auch aufregend.

Aszendent Fische sorgt dafür, daß Ihre handwerkliche Begabung bestens zur Geltung kommt. Was Ihnen an Durchsetzungskraft fehlt, ersetzen Sie durch Arbeitseifer. Ihre Harmoniesucht steht Ihnen dabei allerdings manchmal im Wege.

Was sonst noch zur Jungfrau gehört

Jahrtausende der Astrologie haben gezeigt, daß jedes Sternzeichen nicht nur „seinen“ Planetenregenten hat, sondern daß man den einzelnen Tierkreiszeichen eine ganze Reihe von Dingen zuordnen kann. Ob das Farben, Pflanzen oder Mineralien sind, die Ihnen als Jungfrau besonders liegen. Gewiß erkennen Sie sich in so manchem wieder:

- Das Element der Jungfrau ist die Erde, und das merkt man Ihrem Charakter manchmal an: Sie sind nicht unbedacht, gehen alles nur dann an, wenn Sie sich ausreichend informiert und alle Unwägbarkeiten ausgeschaltet haben. Sie bewegen sich also stets auf dem „Erd“boden der Tatsachen.

- Ihre Farben sind eher dunkel und erdverbunden. Sie mögen Blau und Braun, aber auch Orange und eventuell Gelb. Hauptsache, es sind klare Farben, keine Mischtöne. Sie widersprechen damit dem Himmelsspektrum, den vielartigen Blautönen, aber auch den unscharfen Konturen des Abendrots.

◆ Die Pflanzen der Jungfrau sind Kastanie, Myrte, Ginster und Fenchel, Ihre Blumen Lavendel und Gänseblümchen. Jungfrauen mit Balkon können zwar nicht unbedingt einen Kastanienbaum pflanzen, aber Ginster, Lavendel und Gänseblümchen kann man auch auf dem Großstadtbalkon selbst ziehen. Genauso wie eine Gewürzpflanze, die man Ihnen als Jungfrau zuordnet: Petersilie ist eine typische Pflanze Ihres Sternzeichens.

◆ Ihre Glückssteine sind Amethyst, Bernstein und Karneol, auch Topas, Jaspis oder Nephrit. Alles keine Edelsteine, die Ihren Partner ein Vermögen kosten, falls er oder sie Ihnen Schmuck schenken möchte. Auch als Jungfraumann kann man zum Beispiel Amethyst oder Topas gut tragen – vielleicht in einem schlicht gefaßten Ring im Karbouchonschliff. Als typisches Jungfraumetall gilt übrigens Messing – kein Edelmetall und auch für Schmuck kaum zu verwenden. Aber vielleicht haben Sie in Ihrer Wohnung den einen oder anderen kunsthandwerklichen Gegenstand aus Messing stehen.

Sie sind sicher, daß Edelsteine Heilkraft besitzen? Dann trägt die Jungfrau Jade für Vitalität und Gesundheit. Der Azurit hilft gegen die allzu große Nüchternheit Ihres Sternzeichens, der Hämatit ist gut gegen Enttäuschungen und der Karneol für eine regelmäßige Verdauung. Sie wissen ja: Jungfrauen sind anfällig im Bereich von Darm, Galle und Leber.

◆ Accessoires trägt Herr Jungfrau gerne Krawatten in blauen Farbnuancen mit kleinem Muster. Jungfraudamen wählen passend zu ihrer Kleidung Kleinigkeiten aus, die genau das Tüpfelchen aufs „i“ sind. So sind beide im Aussehen immer perfekt – wenn auch nicht unbedingt pfiffig oder originell. Ihr Motto lautet: Weniger ist mehr. Das gilt natürlich auch für Schmuck. Keine Jungfrau wird überladen mit Schmuck oder Accessoires öffentlich in Erscheinung treten.

KAPITEL
♍

Der Lebenskreis der Jungfrau

Ob als Kleinkind oder als Senior im hohen Greisenalter: eine Jungfrau wird man stets erkennen. Sie haben einfach Eigenschaften, die Sie nicht verstecken können – und die Sie zumeist auch gar nicht verstecken wollen.

Als Kind

Schon als Kleinkind kann die Jungfrau nicht verleugnen, welchem Sternzeichen sie angehört. In der Familie zeigen sie sich schon als Dreijährige beim Spielen als kleine Besserwisser. Wenn sie die Äußerungen auch anfangs als altklug abtun, werden aufmerksame Jungfraueltern doch bald feststellen, daß ihr Sprößling seine Meinung nie ohne eine durchdachte Begründung vorträgt. Aber wehe, eine Jungfrau verliert beim „Memory" oder einem anderen Spiel: Das sind Enttäuschungen, die sie nur schwer wegsteckt. Bringen die Eltern ihrer kleinen Jungfrau nicht schon frühzeitig bei, daß Verlieren zum Leben gehört, daß man nicht jedes Spiel gewinnen kann, so wird's die Jungfrau später sehr schwer haben.

In der Schule spätestens zeigt sich dann aber auch, daß die kleine Jungfrau ein sehr liebenswertes und bescheidenes Kind ist. Meist sind Jungfrauen ja sehr intelligent und optimistisch. Lernen fällt ihnen immer dann leicht, wenn es mit Ordnung und Systematik zu tun hat. Jungfrau-Abc-Schützen lernen schnell, schön zu schreiben; sie lieben es, ordentlich Buchstaben aufzumalen. Schon von frühester Jugend an sind sie sehr ordnungsliebend. Und während sich andere Mitschüler zum Beispiel im Chemieunterricht langweilen, lernt die Jungfrau ohne Mühe das Periodensystem auswendig, weil sie das Ordnungsprinzip so fasziniert.

Als Teenie

Als Jugendlicher fällt der Jungfrau die Schule ebenfalls leicht – wenn es nicht um ausschließlich kreative Fächer geht oder um einen Unterrichtsstoff, in dem Spontaneität gefragt ist. Hausaufgaben sind kein Problem, auch der Lehrstoff nicht. Denn Jungfrauteenager sind genauso wißbegierig wie Jungfraukinder und später die Erwachsenen. Sie zeichnet ein fragender Verstand aus. In allen Bereichen suchen sie den praktischen Sinn einer Sache. Deshalb sind Naturwissenschaften und Mathematik ihre Lieblingsfächer, in denen sie beste Benotungen zu verzeichnen haben. Auch mit philosophischen Systemen vermögen sie früh umzugehen, und während andere Gleichaltrige Hegel noch für einen Fußballtorwart halten, haben sie schon dessen *Phänomenologie des Geistes* und *Wissenschaft der Logik* gelesen. Schon im jugendlichen Alter jedoch haben Jungfrauen Probleme mit ihren Emotionen. Sie schließen nur schwer Freundschaften. Und die erste Liebe haben sie sicher nicht schon mit 12 oder 14. Dafür pubertieren Jungfrauteenies – zur Erleichterung ihrer Eltern – oft weniger heftig als Heranwachsende anderer Sternzeichen.

Zwischen 20 und 30

Zwischen 20 und 30 hat jede Jungfrau eine gute Ausbildung hinter sich. Alle Aufgaben in der Lehrzeit (oder dem Studium) und in den ersten Berufsjahren werden sehr sorgfältig erledigt. Das stärkt ihr Selbstbewußtsein und läßt das geringste Gefühl einer Benachteiligung – wozu Jungfrauen manchmal neigen – gar nicht erst aufkommen. Ihre Ordnungsliebe, die ihnen von frühester Kindheit an eigen ist, kommt ihnen natürlich auch im Job zugute. Für eine erste Partnerschaft haben Jungfrauen in diesen Jahren meist noch keinen rechten Draht. Sie brauchen viel Ermutigung von seiten der Eltern und aus ihrem Freundeskreis, um sich ein Herz zu fassen und mit jemandem „anzubandeln". Viele Jungfrauen zahlen schon seit ein paar Jahren in die Bausparkasse ein – ins eigene Haus oder wenigstens eine Eigentumswohnung wollen sie nämlich möglichst bald einziehen.

ZWISCHEN 30 UND 40

Zwischen 30 und 40 hat so manche Jungfrau es dann endlich privat geschafft: Die erste Liebe liegt schon hinter ihr, vielleicht ist sie bereits eine Ehe eingegangen. Hat sie ihren Traummann oder die Traumfrau gefunden, die all ihre Schwächen kennt und als läßliche Sünden akzeptiert, wird sie gut mit ihm oder ihr auskommen. Jungfrauen haben's jetzt gelernt, Gefühle zu zeigen. Ihr Wohlstand ist gesichert, und so hin und wieder erfüllt sie sich auch mal einen Herzenswunsch.

ZWISCHEN 40 UND 50

Zwischen 40 und 50 sind verheiratete Jungfrauen sehr erfolgreiche Eltern. Denn abgesehen von ihrem Sauberkeitstick und ihrem Ordnungssinn lehren sie ihre Kinder, alle Probleme des Alltags zu meistern. Kaum eine Jungfrau wird zum Beispiel ihre Kinder mit Geld und Spielzeug überschütten. Im Gegenteil: Sie wird versuchen, ihre Sprößlinge zu motivieren, sich das Mofa oder die Stereoanlage selbst zu verdienen. So manches Sternzeichen kann sich glücklich schätzen, unter seinen Eltern wenigstens eine Jungfrau zu haben. Viele als negativ empfundene Jungfrau-Eigenschaften haben in den Jahren über 40 schon nachgelassen.

ZWISCHEN 50 UND 60

Zwischen 50 und 60 zeigt sich, daß die meist knauserigen Jungfrauen zu den ihnen nahestehenden Personen doch recht großzügig sein können. Die Kinder stehen auf eigenen Beinen, sind aus dem Haus. Die Motivation, über den soliden Wohlstand hinaus Reichtümer um ihrer selbst willen anzuhäufen, haben die meisten Jungfrauen nicht. Nun gönnt man sich schon mal öfter ein verlängertes Wochenende. Dabei leisten sich Jungfrauen Dinge, die sie früher selbst für exzentrisch gehalten hätten, und es kann durchaus auch luxuriös zugehen.

Über 60

Über 60 lassen sich Jungfrauen erst recht nichts vormachen. Sie stehen immer noch mit beiden Beinen auf dem Boden der Realität. Was keine Jungfrau hindert, jetzt zusammen mit ihrem Partner das Leben ein wenig mehr zu genießen. Oft beginnt sie, Familienerinnerungen zusammenzutragen oder Memoiren zu schreiben. Da sie auf ein erfolgreiches Leben zurückblickt, sollen auch andere etwas davon lernen können.

KAPITEL
4
♍

Die Jungfrau und die Liebe

Wer eine Jungfrau zum Partner oder zur Partnerin hat, kann froh sein. Jungfrauen gehören zu den intelligentesten Tierkreiszeichen. Sie sind ehrlich, offen und beobachten ihre Umgebung mit wachem Auge – das macht sie zwar hellsichtig für so manche Schwäche, aber haben sie sich einmal für einen Menschen entschieden, so gehen sie für diesen durch dick und dünn.

So liebt der Jungfraumann

An einem Jungfraumann schätzt eine Frau vor allem, daß er eine äußerst gepflegte Erscheinung ist. Er benimmt sich stets korrekt, ist gut gekleidet und ganz gewiß kein Schlamper, der sich gehenläßt. Dazu kommt, daß Jungfraumänner als sehr praktisch gelten. Sie sind handwerklich begabt und sich auch nicht zu schade, in Haus und Heim selbst anzupacken. Ihre Hilfsbereitschaft ist bemerkenswert. Sie sind aufrichtig und kritisch. Auch ihrer Partnerin gegenüber: Wer keine Kritik einstecken kann, ist bei einer Jungfrau fehl am Platze. Dennoch ist sie auch fair – und zwar bis zum dicken Ende. Frauen, die einen Jungfraumann ausnutzen wollen, ihn bis aufs letzte Hemd ausziehen möchten, werden – zumindest in seiner Jugend – damit vielleicht Erfolg haben. Denn keine Jungfrau kann sich vorstellen, daß jemand so falsches Spiel mit ihr treibt. Doch keine Sorge: Alle Jungfrauen lernen aus ihren Fehlern – und begehen kaum einen ein zweites Mal. Sie stellen gerade in einer Liebesbeziehung hohe Ansprüche – manchmal vielleicht zu hohe. Deshalb finden sie nur schwer eine Partnerin. Sie warten lieber ab, prüfen kritisch – und nicht nur einmal. Da kann's einem Jungfraumann schon passieren, daß die Dame seines Herzens mittlerweile nicht mehr auf ihn wartet, wenn er sich denn endlich für sie entschieden hat.

Jungfraumänner kann man mit wenigen Grundprinzipien beeindrucken. Der Jungfraumann schätzt Wahrheit, Pünktlichkeit und Sparsamkeit. Die Frau seines Herzens muß diese drei Tugenden wenigstens im Ansatz vorweisen können. Schlampige Kleidung ist ihm ein Greuel. Punk-Look kommt bei ihm nicht an, auch dann nicht, wenn eine Frau mit grüngefärbten Haarspitzen sein Herz erobern will. Auf „Verstand unterm Pony" legt er großen Wert, ein geistloses Dummchen wäre sicher keine Ehepartnerin für Herrn Jungfrau.

Kein Jungfraumann wird von einem Bettchen ins nächste hüpfen. Dafür ist er einfach nicht der Typ. Er flirtet zwar gerne, aber es bleibt zunächst beim Augenkontakt, beim (harmlosen!) Wortgeplänkel. Jungfrauen warten, bis die richtige Frau für sie kommt. Das kann manchmal dauern, aber lieber prüft er ewiglich, als daß er sich kopfüber in eine Beziehung oder gar Ehe stürzt. Mit Romantik weiß er sowieso nichts anzufangen. Viel lieber ist's ihm, eine Frau überzeugt ihn mit Geist und durch ihr Handeln. Statt mit ausgefallenen Ideen um seine Angebetete zu werben, wird er eher stillschweigend ihr Auto reparieren oder die Wohnung neu tapezieren. Bei seiner Partnerin sucht der Jungfraumann zwar wie jeder Mensch Liebe und Geborgenheit, aber eher aus praktischen denn aus romantischen Erwägungen heraus. Wie viele Ehen wurden schon auf rosaroten Wolken geschlossen und endeten unsanft im grauen Alltag!

Der Jungfraumann wird sich niemals gehenlassen, sondern sich auch beim Liebeswerben stets korrekt verhalten und seinen anspruchsvollen Geschmack beweisen.

Mit einem Jungfraumann wird das so gut wie nie passieren. Er erwartet Ehrlichkeit und Offenheit in einer Beziehung. Mit weniger wird er sich nicht zufriedengeben. Mit viel Geduld lockt man ihn aus der Reserve und wird feststellen: Wenn er seine große Liebe gefunden hat, wird er für sie da sein, alles für sie tun. Selbst wenn die Flamme seiner Liebe nicht hell auflodert, wird seine Liebste sich an ihr stetig und zuverlässig über Jahre wärmen können.

Probleme und Sorgen sieht er als geistige Herausforderung an. Er versucht alles verstandesmäßig zu lösen. Heikel wird das immer dann, wenn es um Gefühlsprobleme geht. Wer das nicht mitmachen will, muß die Konsequenzen ziehen.

Wenn eine Frau ihn dann verläßt, wird's für immer sein: Trennungen auf Probe gibt's bei ihm nicht. Er findet: Was vorbei ist, läßt sich auch nicht mehr kitten. Das frühere Vertrauen kann man sowieso nicht mehr herstellen.

So liebt die Jungfraudame

Eine Jungfraudame wird zu einer Verabredung niemals zu spät kommen. Sie erwartet diese Korrektheit natürlich auch von ihrem Partner.

Die weibliche Jungfrau ist in vielem ihrem männlichen Sternzeichenpartner sehr ähnlich. Männer schätzen ihre Gutherzigkeit und ihre Vertrauenswürdigkeit. Sie ist eine starke und entschlossene Frau, die bestens auf sich selbst aufpassen kann. Dabei wirkt sie überhaupt nicht maskulin: Jungfrauen vertreten ihre Meinung auf eine sehr feminine Art und Weise. Auch das macht sie so besonders anziehend für jeden Mann.

Jungfrauen lassen sich von Sauberkeit und Ordnung beeindrucken. Ein schlampiger Mann hat bei ihr keinerlei Chance. Sie legt großen Wert auf gepflegtes Äußeres, auf gute Manieren und eine ansehnliche Kleidung. Wichtigster Punkt auch bei ihr: die Pünktlichkeit. Keine Jungfraudame wird auch nur zehn Minuten bei einer Verabredung auf ihn warten. Charme versprühende Playboys sind ihr ein Greuel – sie bevorzugt solide „Hausmannskost". Jeder Mann sollte ihr gegenüber eher unter- als übertreiben. Man muß sie nicht auf Rosen betten; sie würde nur nach dem Sinn fragen (und ihn nicht finden). Romantik liegt ihr nicht – sie ist für handfestere Genüsse; eine Vorstellung im Theater, ein Konzertbesuch und ein gutes Buch können sie schon eher sinnlich stimmen.

Jede Jungfrau stellt sich im Traum den Partner fürs Leben vor. Sie will natürlich ihren Prinzen finden, den idealen Mann. Sie weiß aber auch, daß der sicher noch nicht geboren ist. So ist sie kompromißbereit. Eine Jungfrau sucht nach der wahren Liebe. Sie geht jedoch mit Verstand auf die Suche und betrachtet die ganze Angelegenheit sehr leidenschaftslos. Genau wägt sie die Vor- und Nachteile einer Beziehung mit einem bestimmten Herrn ab. Und wenn die positiven Seiten überwiegen, wird sie ihn zu überzeugen versuchen. Klingt unromantisch – ist aber aller Erfahrung nach haltbarer als eine Beziehung, die nach der ersten

Verliebtheit in eine Ehe mündet. Jungfrauen finden: Wenn alles andere stimmt, wird die Liebe schon nachkommen.

Wenn die Jungfrau den Mann ihrer Träume nicht so ganz gefunden hat und in ihrer Ehe einen Kompromiß eingegangen ist, wird sie im Laufe der Jahre versuchen, ihren Mann zu ihrem Ideal umzuerziehen. Dabei kommt ihr ihre diplomatische Begabung zugute.

Probleme geht die Jungfrau logisch und bedacht an. Mit Verstand und Sinn für Gerechtigkeit gibt es immer eine Lösung, meint sie. Sie schiebt kein Problem vor sich her. Lieber geht sie gleich in die vollen und stürzt sich kopfüber auch in einen Riesenkrach – mit der Option, daß alles schnell ausgestanden ist.

Selten gibt eine Jungfrau zu, im Unrecht zu sein. Sie verteidigt sich und ihr vermeintliches Recht mit allen Mitteln. Meist schafft sie's, sich durchzusetzen. Kaum ein Mann kann ihr Paroli bieten. Wenn sie ihren Kopf gar nicht durchsetzen kann und ihr die Auseinandersetzungen zuviel werden, kann es sein, daß sie sich zurückzieht und erst einmal schmollt. Ein geschickter Partner weiß dann, was zu tun ist: Umschmeichelt man die Jungfrau ein wenig, wird sie sich wieder freundlich und aufgeschlossen zeigen.

Eifersucht kennt auch eine weibliche Jungfrau nicht. Sie setzt stets Treue voraus. Das gehört für sie zu einer Beziehung. Sie könnte es wahrscheinlich nicht fassen, wenn ihr Partner fremdginge: So etwas passiert anderen, aber doch nicht ihr! Wenn's aber doch geschieht und sie erkennen muß, daß ihre Traumehe eben doch nicht so vollkommen ist, kann es durchaus sein, daß sie selbst für eine Trennung sorgt. Sie wird nicht lange um einen Mann kämpfen. Selbstzweifel kennt sie kaum. Wer sie nicht so nimmt, wie sie ist, soll's eben bleiben lassen. Sie weiß: Sie kommt im Leben sehr gut allein zurecht…

KAPITEL
5

Die Jungfrau in Beruf und Geschäftsleben

Jungfrauen sind echte Arbeitstiere. Sie bürden sich viel auf, um all ihre Verpflichtungen zu erfüllen. Vor allem aber deshalb, weil sie ihre ureigenen Ziele erreichen wollen. Dabei sind sie verläßlich und aufrichtig.

Wenn eine Jungfrau zur Schule geht...

Vielen Jungfrauen steht ihr Leben lang ihre altkluge Wesensart auf dem Karrierepfad im Wege.

... steht ihr ihre altkluge Wesensart manchmal im Wege. Welcher Lehrer läßt sich schon gern korrigieren; noch dazu, wenn die kleine Jungfrau dabei einen Gesichtsausdruck hat, der zu erkennen gibt, daß sie den ganzen Berufsstand eigentlich für überflüssig hält. Aber was kann die Jungfrau denn dafür, daß sie das Wort „Commerzbank" eher schreiben konnte als „Mama" und „Papa"? Wo doch das gelbe Logo genau dem Kinderzimmer gegenüber an dem stattlichen Gebäude prangt und schon das Vorschulkind gereizt hat, statt Mama und Papa lieber das Bankgebäude abzumalen.

In der Schule werden Jungfrauen – oft zu Unrecht – als Streber verflüstert. Das liegt daran, daß sie sich am meisten über ihre eigenen Schusselfehler ärgern, die sie gemacht haben, obwohl sie es besser wußten. Hat der Lehrer ihnen im Diktat etwas angestrichen, fallen sie selbst wegen eines fehlenden Kommas ins Koma. Das ist vielleicht etwas übertrieben dargestellt, umreißt aber einen Wesenszug der Jungfrauen, der sich mit der Dauer der Schulzeit immer mehr zu einem unschätzbaren Vorteil entwickelt: Sie lernen schneller aus ihren eigenen Fehlern als aus vorgegebenen Lehrsätzen. Wenn sich Fehler schon nicht vermeiden lassen, dann sollen es wenigstens immer neue, interessante sein.

Die Jungfrau und ihr Job

Jungfrauen erreichen ihre Ziele unter anderem auch dadurch, daß sie selbstkritisch sind. Sie streben im Beruf keine Machtpositionen an. Natürlich wollen sie auf der Karriereleiter nach oben klettern, natürlich wollen sie nicht ihr Leben als kleiner Angestellter verbringen. Aber sie wollen nicht unbedingt an die höchste Position aufsteigen. Eine Jungfrau kann mit ideellen Werten nichts anfangen. Sie muß die Ergebnisse ihres Schaffens vor sich sehen, alles muß greifbar vorhanden sein.

Als Chef ist eine Jungfrau immer korrekt. Sie erwartet von ihren Untergebenen fehlerlose Arbeit, genau dasselbe also, was sie selbst leistet. Kommt eine Jungfrau zu Ruhm und Erfolg, wird sie ihr Team daran teilhaben lassen. Niemals wird sie die Lorbeeren für sich alleine einheimsen, sondern mit allen beteiligten Kollegen teilen. Fairneß gehört zu den großen Stärken einer Jungfrau. Intrigen sind ihr völlig fremd, und zwar nicht nur im Berufsleben.

Niemand gesteht gerne eigene Fehler ein – ganz besonders eine Jungfrau nicht. Das hindert sie aber nicht daran, andere zu kritisieren, bei anderen manchmal auch lautstark auf Mängel und Fehler hinzuweisen. Ein wenig Diplomatie täte gut – und dazu ist die Jungfrau durchaus in der Lage. Das ist eine der Methoden, die sicher zum Erfolg führen. Konstruktive Kritik, vielleicht sogar in lobende Worte verpackt, wird Kollegen und Untergebene eher zu Höchstleistungen anspornen als dauerndes Mäkeln. Daran sollten Jungfrauchefs denken!

Berufe mit Karrierechancen

Mit ihrem Intellekt und ihrem Fleiß kann die Jungfrau fast jeden Beruf ausüben, den sie möchte. Durch ihre Freundlichkeit und ihr Mitgefühl eignet sie sich gut für Aufgaben im pflegenden und sozialen Bereich. Ihre praktische Begabung macht sie geeignet für die Ausbildung und Erziehung bei Behinderten.

Jungfrauen lieben eher geistige als körperliche Arbeit. Sie brauchen Abwechslung – eine monotone Tätigkeit ist absolut nichts für sie. Mit ihrem analytischen Verstand könnte man sie sich gut als Spezialisten für statistische Arbeiten, als Techniker oder Ingenieur vorstellen. Jungfrauen reagieren nicht sehr emotional. Deshalb kommen sie im Bereich der Justiz und Justizverwaltung bestens zurecht. Ob als Staatsanwalt, als Richter oder als Rechtsanwalt mit eigener Kanzlei – eine Jungfrau wird stets sachlich arbeiten.

Ebenfalls erstrebenswert sind alle Berufe, die mit der Verwaltung von Geldern zu tun haben: Banker, Broker, Devisenhändler, alles am Finanzmarkt und in der Finanzplanung. Auch beim Erstellen von Einsparungsplänen sollte so manche Regierung in Kommune, Land und Bund darauf bedacht sein mit dem betreffenden Projekt eine Jungfrau zu betrauen; ihr rechnerisches Kalkül wird sicher für das bestmögliche Ergebnis sorgen.

Naturwissenschaftliche Berufe liegen jeder Jungfrau besonders gut. Das kann Mathematik ebenso sein wie Chemie und Physik, wie Biologie und Medizin mit allen artverwandten Berufen. Durch ihre Genauigkeit ist sie auch bestens für das Verarbeiten von Informationen, etwa im Softwarebereich, geeignet. Auch in geisteswissenschaftlichen Berufen sind Jungfrauen gut aufgehoben. Sie neigen zwar nicht zu philosophischen Höhenflügen, aber was ihnen an Phantasie und Kreativität fehlt, ersetzen sie durch Systematik.

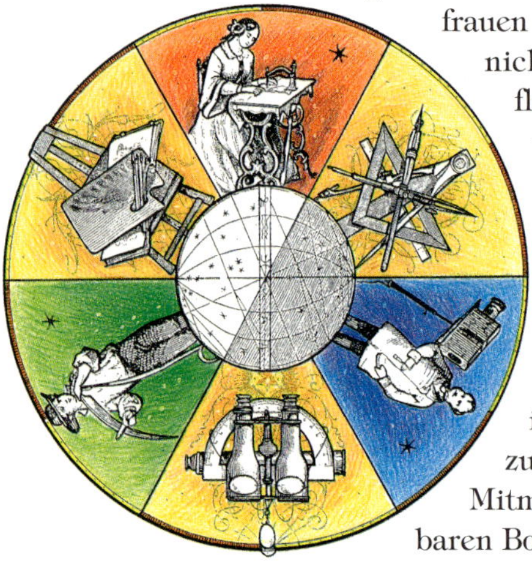

Was ihnen gar nicht liegt, sind Berufe, in denen sie mit Kunden umgehen müssen. Jungfrauen können zwar auf Menschen zugehen, neigen aber dazu, sich mit ihrem Wissen und ihrem Verstand zu „produzieren“. Das fällt bei ihren Mitmenschen meist nicht auf fruchtbaren Boden.

Die Jungfrau im Arbeitsalltag

Jungfrauen lieben geistige Arbeit mehr als körperliche – sie sind in der Regel perfekte Verwaltungskräfte, die aber auch kräftig zupacken können.

Jungfrauen stehen stets zwischen zwei Polen: ihrem Temperament und der ihnen angeborenen Fähigkeit zur genauen Überlegung. Einerseits können sie sich schwarz ärgern über Dummheit und Unordnung, andererseits sind sie aber sehr freundliche Menschen. Einerseits regt nichts sie so auf wie Unpünktlichkeit, andererseits wissen sie: Sind andere unpünktlich, wirken sie selbst mit ihrer Überpünktlichkeit positiv auf Vorgesetzte.

Nachteilig kann sich der Hang fast jeder Jungfrau zu Haarspaltereien auswirken. Ihre Genauigkeit wird dann zur Pedanterie. Ordnung geht ihr eben über alles – jedes Chaos ist eine echte Herausforderung. Das Tolle: Jungfrauen schaffen es meist, selbst größte Katastrophen wieder ins Lot zu bringen...

Die Finanzen der Jungfrau

Ihre Sparsamkeit kann fast zu Geiz ausarten, wenn sie wissen, was sie anstreben. Bausparvertrag, Geldanlage, Zinsertrag. Man kann sicher sein: Hat jemand mit 30 schon ein eigenes Haus, eine eigene Wohnung, dazu noch Sparvertrag und Barvermögen, wird's sicher eine Jungfrau sein. Jungfrauen sind die Systematiker unter den Geldanlegern. Unbeirrt von den Werbekampagnen der Banken und den Tips windiger Anlageberater sichern sie sich zunächst eine gehörige Liquiditätsreserve, legen dann in europäischen Blue Chips an und versorgen sich beizeiten mit Immobilienvermögen. Erst in einem Alter, da andere schon vorsichtig werden, investieren sie in interessante Nebenmärkte und lassen sich mit Futures ein, weil kalkuliertes Risiko einfach zu einer systematischen Vermögensanlage dazugehört.

KAPITEL
♍
6

Die Jungfrau in Urlaub und Freizeit

Entspannung ist für die Jungfrau nicht unbedingt mit einem „großen" Jahresurlaub verbunden. Natürlich macht auch eine Jungfrau gerne wochenlang Ferien – mehr aber genießt sie den kürzeren Ausbruch aus dem Alltagstrott. Das kann dafür dann ruhig mehrmals im Jahr stattfinden.

Urlaubsorte, Ferienziele

Wird der Haupturlaub geplant, kommen für die Jungfrau vor allem Griechenland und die Türkei als Ferienziel in Frage. Dabei schlägt man zwei Fliegen mit einer Klappe: Entspannen ist hier genauso möglich wie ein bißchen Bildung zu schnuppern. Jungfrauen sind wißbegierig und bleiben ihr ganzes Leben lang neugierig auf andere Kulturen. Auch die Schweiz ist für Jungfrauen übrigens interessant als Ferienziel. Für die heißgeliebten Kurzreisen kommen vor allem Städtetouren in Betracht. Paris steht ebenso auf dem Programm wie Heidelberg, Prag, Basel oder Kairo.

Sport

Man kann nicht direkt sagen, daß Jungfrauen faul sind. In jungen Jahren können sie sich durchaus zu sportlichen Aktivitäten aufraffen. Da sind sogar Wettkämpfe drin, und so manche Jungfrau verdient sich ihre Lorbeeren in der Arena bei Leichtathletik – und mitunter sogar bei Kampfsportarten. Je älter die Jungfrau allerdings wird, um so mehr verliert sich ihr Streben nach körperlichen Höchstleistungen im Sport. Herr Jungfrau und sein weibliches Gegenstück lassen's lieber langsam angehen: ein bißchen Schwimmen im Sommer, ein wenig Schnorcheln im Urlaub.

Hobby

Ihr Steckenpferd werden die meisten Jungfrauen meist auf dem intellektuellen Sektor suchen. Sie sind Verstandesmenschen, und sie werden ihren Spaß an logischen und intellektuellen Vergnügungen niemals verleugnen können. Den „Trend zum Zweitbuch"

kennt keine Jungfrau – eher legt sie sich schon eine ganze Bibliothek zu. Vielleicht nicht immer die anspruchsvollste Lektüre, aber ganz gewiß auch keine Groschenromane. Zweites großes Hobby vieler Jungfrauen ist die Musik: Sie bevorzugen Klassik, stehen aber auch der sogenannten Unterhaltungsmusik nicht ablehnend gegenüber. Konzert- und Theaterbesuche oder literarische Zirkel und Lesungen runden das Ganze ab.
Nicht vergessen darf man, daß viele Jungfrauen sich mit Hingabe der Gartenarbeit und ihren Pflanzen widmen.

FAMILIENLEBEN

Einen vergammelten Haushalt bei einer Jungfrau? Das ist einfach nicht vorstellbar! Sie wird – auch wenn sie ein Mann ist – ihren Haushalt ordentlich und pedantisch führen und gewiß alles straff durchorganisiert haben. Ordnung ist für die Jungfrau nämlich nicht nur das halbe, sondern wirklich das ganze Leben. Schmutz oder herumliegende Sachen werden sofort entfernt. Das wirkt sich natürlich aufs Familienleben aus. Denn daß solch ein Saubermann/frau-Verhalten auch ganz schön nerven kann, leuchtet wohl ebenfalls jedem ein, der kein Jungfraugeborener ist.
Als Vater ist die Jungfrau ebenfalls sehr gewissenhaft. Sie handelt stets verantwortungsbewußt und benimmt sich ihren Kindern gegenüber tadellos, verlangt aber auch von ihren Sprößlingen, daß sie beste Manieren an den Tag legen. Disziplin ist wichtig und wird stets eingehalten.
Jungfraumütter sehen das Ganze zwar vielleicht nicht ganz so eng, sind aber trotzdem streng, allerdings auch gerecht: Sie erziehen ihre Kinder liebevoll, aber mit Schliff.

Kulinarisches

Jungfrauen können nicht sehr viel anfangen mit einem siebengängigen Menü, einem Festessen mit allem Drum und Dran, mit Fasan, Filet und Champagner. So etwas lockt sie nicht. Jungfrauen leben und essen sehr gesund. Schmackhaftes Gemüse und appetitlich angerichtete Salate sind eher nach ihrem Gusto. Fleisch muß nicht unbedingt sein und wenn, dann nur in kleinen Portionen. Ein riesiges, blutiges T-Bone-Steak wird sich kaum eine Jungfrau auf ihrem Teller wünschen.
Stets achten Jungfrauen auf ein genaues Maß aller Zutaten. Zu viele Beilagen wie Nudeln, Kartoffeln, Reis kommen nicht auf den Tisch, und ebenso ausgewogen werden Fett, Kohlenhydrate, Eiweiß und Vitamine serviert. So manche Jungfrau ist ein regelrechter Gesundheitsfanatiker, deshalb kommen auch keine exotisch-scharfen Gewürze an die Speisen. Lieber hebt man den Eigengeschmack der Gerichte hervor, würzt also nur mild und vor allem kaum mit Salz, eher mit Kräutern. Die meisten Jungfrauen haben keinen rechten Spaß am Kochen und Essen. Ihnen fehlt die sinnliche Lust daran. Eine schön gedeckte Tafel halten sie für Luxus.

Garderobe

Jungfrauen achten sehr auf ihre Kleidung. Natürlich sind sie immer sauber und ordentlich. Ungepflegt würde eine Jungfrau – und das gilt für Männlein und Weiblein gleichermaßen – niemals herumlaufen – in der Öffentlichkeit ebensowenig wie zu Hause im stillen Kämmerlein.
Jungfrauen lieben unaufdringlich modische Kleidung in gedeckten Farben. Dunkelblau, Grau, Schwarz oder Braun finden sie für sich ideal. Herr Jungfrau und seine Sternzeichenpartnerin erscheinen meist klassisch

schick. Um ihr gepflegtes Aussehen und nicht zuletzt ihre Reinlichkeit zu unterstreichen, kommt bei ihrer Kleidung oft auch die Farbe Weiß in Frage.

Düfte und Make-up

Spezielle ätherische Öle – nur ein paar Tropfen auf die Duftlampe – machen der Jungfrau manches im Leben leichter. Lavendel unterstützt ihre Präzision, Myrte gleicht ihren Charakter aus, Zitrone gibt Festigkeit, Zimt bringt ihr mehr Feuer und Leidenschaft und Bergamotte sorgt für Sonne in ihrem Gemüt. Iris unterstützt ihre schöpferische Kraft, Weihrauch löst all ihre Ängste auf. Und Jasmin baut jungfrautypisches Mißtrauen leichter ab.
„Nur keine schwülstigen Düfte!" könnte die Jungfraudame in der Parfümerie ausrufen. Herb-frische Parfümkreationen sind eher ihre Sache. Ihre natürliche Ausstrahlung wird durch einen sportlichen und dezenten Duft unterstrichen. „Grün" mit dem Aroma von Gräsern und Wald belebt auch den Jungfraumann. Blumig-holzige Noten lassen sich für beide zu typischen Parfüms zusammenstellen.
Körperpflege und -hygiene gehen jeder Jungfrau über alles. Die tägliche Dusche (mindestens einmal!) ist eine Selbstverständlichkeit. Unter Jungfrauen gibt's kein Muffeln, kein Ungewaschensein. Und weil auch eine Jungfraudame immer gepflegt aussehen will, wird sie so gut wie nie aufs Make-up verzichten. Sie wirkt aber nie angemalt, sondern schminkt sich stets dezent. Und dabei behält sie immer im Hinterkopf: Gute Gesundheit ist das beste Make-up.

KAPITEL
7

Gesundheit und Fitness der Jungfrau

In der Astromedizin sind dem Sternbild Jungfrau Darm, Galle und Leber zugeordnet – und deshalb sind alle Krankheiten und Beschwerden, die in diesen Organen auftreten, besonders jungfrautypisch.

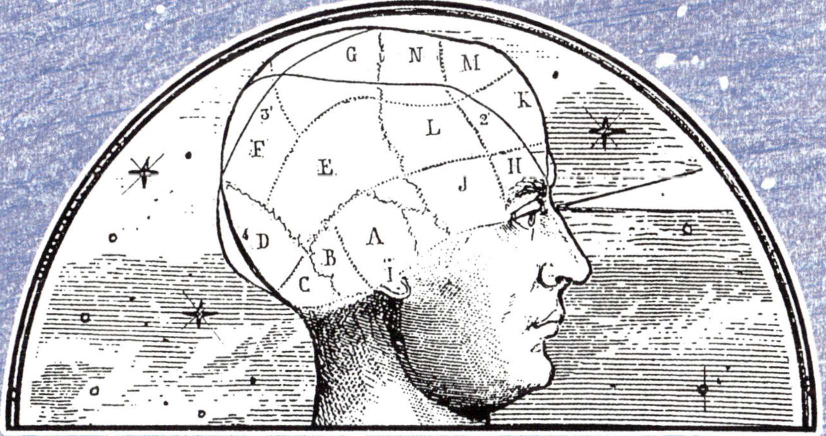

An der Galle

Jungfraugeborene neigen dazu, in sich hineinzulauschen und ihre hin und wieder auftretenden Erkrankungen selbst zu kurieren.

Selbst eine noch so gesunde Lebensweise und darauf abgestimmte bewußte Ernährung können nicht verhindern, daß Sie in Ihren kritischen Körperregionen anfälliger sind als andere Sternzeichen. Magenverstimmungen, Probleme mit der Verdauung, auch Kopfschmerzen können auftreten, selbst dann, wenn Sie glauben, wirklich keinerlei „Fehler" gemacht zu haben. Sie neigen zu Überarbeitung. So machen Sie sich oft selbst krank – durch die ständig andauernde geistige Anspannung. Körperliche Betätigung wäre für jede Jungfrau wichtig. Jungfrauen gelten als wahre Gesundheitsfanatiker: Sie kennen sich in der Schulmedizin genauso gut aus wie in der Naturheilkunde. Ihre Hausapotheke gehört zu den am besten sortierten im Lande. Wer sich so viel mit seiner Gesundheit und eventuellen Krankheiten beschäftigt, neigt leider dazu, jedes Zipperlein überzubewerten. Sie haben einen rauhen Hals? Sofort vermuten Sie eine Kehlkopfentzündung. Ein Husten wird gleich zum Lungenleiden, ein Bauchgrimmen nach zu gutem Essen zur Gallenkolik, gelegentliches Sodbrennen mindestens zum Magengeschwür.

Man kann nicht direkt behaupten, Sie seien gerne krank. Aber Sie fühlen sich wohl in dem Bewußtsein, Ihren Körper genau zu kennen. Sie horchen immer und tagtäglich in sich hinein. Bei der geringsten Abweichung vom Normalzustand eilen Sie zum Medizinschränkchen und suchen nach der richtigen Arznei. Mancher Hausarzt weiß ein Lied davon zu singen: Jungfrauen doktern gerne an sich selbst (und oft auch an ihren Familienangehörigen!) herum. Sie probieren dabei nicht nur Gesundheitstees aus, sondern trauen sich durchaus zu, mit richtigen Medikamenten zu „arbeiten". Sie müssen ja nicht stets an den „Halbgott in Weiß" glauben; aber alles nur auf eigene Faust heilen zu wollen, keinem Arzt mehr zu trauen, weil „der ja doch nichts findet und meist auch nicht mehr weiß“, kann ganz schön ins Auge gehen...

Sport und Fitness

Zu sportlichen Anstrengungen kann man Jungfrauen nur selten animieren; sie suchen im Sport Entspannung und Ausgleich.

Für sportliche Höchstleistungen sind Sie nicht geschaffen, jedenfalls nicht mehr im Erwachsenenalter. Dann sind Ihnen Job und Erfolg wichtiger als körperliche Höchstleistungen – selbst wenn die zu Anerkennung und Medaillenruhm führen könnten. Dennoch sollten Sie sich um einen Ausgleich zu Ihrer beruflichen Tätigkeit bemühen.

Regelmäßiges Schwimmen im Sommer wie im Winter könnte für Sie gut sein. Denn dabei wird – ebenso wie übrigens beim Langlauf – der ganze Körper trainiert. Und selbstverständlich sollten Sie genügend Pausen einlegen: Sport soll Ihnen Spaß machen. Erinnern Sie sich an Ihre Jugendzeit, als Sie noch Freude am Sporteln hatten? Versuchen Sie, sich diesen „Spaß an der Freud'“ wieder zurückzuholen.

Optimal wären – selbst wenn man das nicht als Sport im engeren Sinne bezeichnen kann – Meditationsübungen wie Yoga, Chi Gong oder Thai Chi. Jungfrauen müssen lernen, Hektik und Streß hinter sich zu lassen und sich wieder ganz auf ihren Körper und ihren Geist, auf ihre eigene Person zu konzentrieren. Autogenes Training kann ebenfalls eine tolle Entspannungsmethode sein. Vielleicht hilft es Ihnen, mittels Meditationsmusik, Selbsthypnose oder ähnlichem zu relaxen. Wenn Sie's allein nicht schaffen, haben Sie keine Scheu, sich einem Lehrer anzuvertrauen. In jeder Volkshochschule werden heutzutage Entspannungs- und Meditationskurse angeboten. Wenn das nicht klappt, schauen Sie in den Anzeigenteil Ihrer Tageszeitung. Hier finden Sie bestimmt einen Kurs mit kleiner Teilnehmerzahl.

Ernährung

Jungfrauen ernähren sich bewußt und gesund. Manchmal übertreiben sie dabei ein wenig und verderben anderen den Appetit.

In Sachen Ernährung weiß jede Jungfrau selber ziemlich genau, was richtig und gesund für sie ist. Alle Mahlzeiten sind genau aufeinander abgestimmt. Das Müsli zum Frühstück wird nicht fehlen, ebenfalls das Stückchen Obst (und keine Schokoriegel!) als Zwischenmahlzeit beim Elf-Uhr-Loch. In den meisten Fällen hält sich eine Jungfrau an ihren ausgewogenen Ernährungsplan.
Natürlich kaufen Sie auf dem Wochen- und nicht im Supermarkt ein, natürlich bevorzugen Sie frische Ware und keine Konserven- oder Tiefkühlkost. Sie wissen, daß zu starkes Würzen – vor allem mit Salz – Ihrem Körper nicht guttut. Deshalb werden Sie Ihre Speisen weitgehend naturbelassen garen. Fette und mehlige Saucen wird man bei Ihnen nicht serviert bekommen, Currywurst mit „Pommes Rotweiß" verabscheuen Sie geradezu. Nicht, weil Sie ein Gourmet sind, sondern weil Ihnen klar ist, wie ungesund solches Fastfood ist. Früher oder später kommt fast jede Jungfrau darauf, daß vegetarische Ernährung für sie das Optimale ist. Leider neigen Sie auch in Sachen Ernährung gerne dazu, mit missionarischem Eifer bei der Sache zu sein. Nichts ist einzuwenden gegen vegetarische Ernährung – aber muß deshalb gleich Ihre ganze Familie und Ihr Freundeskreis dazu bekehrt werden? Kein Problem, daß Sie nur noch Gemüse und Salat knabbern wollen! Aber warum vermiesen Sie Ihren lieben Mitmenschen ihre Schweinshaxe oder ihr Wiener Schnitzel? Und es schadet Ihren Kindern auch nicht, wenn sie mal zu McDonald's gehen. Ihre ständigen Ermahnungen geben solchen kleinen Ausflügen nur den Reiz von etwas Verbotenem. Nehmen Sie alles einfach gelassener: Dann schlägt Ihnen Ihre Mission auch nicht so sehr auf den Magen. Und Sie leben damit einfach gesünder, als wenn Sie sich über jede Kleinigkeit maßlos aufregen...

Schönheit

In puncto Schönheit ist die Jungfrau – ob weiblich oder männlich – eine Koryphäe. Herr Jungfrau gehört zu den wenigen Männern unter allen Sternzeichen, die sich ganz gerne mal in einen Kosmetiksalon begeben, um sich dort nicht nur verwöhnen, sondern kosmetische Probleme gezielt behandeln zu lassen.

Jungfrauen denken auch in der Kosmetik „gesund“: Sie lehnen sicherlich jede Kosmetik ab, für die Tierversuche unternommen werden. Sie gehören zu denen, die Naturkosmetik verwenden. Wahrscheinlich stehen Sie – wenn Sie die Zeit dafür erübrigen können – sogar selbst in der Küche und brauen sich eigene Schönheitsmittel: Tees ebenso wie Cremes und sogar „dekorative Kosmetik“, also Lidschatten und Lippenstift.

Naturkosmetik ist für die gepflegte und schönheitsbewußte Jungfrau das Nonplusultra. Kulturdrogen wie Alkohol und Nikotin haben sie zumeist abgeschworen.

Jungfrauen wissen aber auch, daß alle Mittelchen und Salben nichts nutzen, wenn sie nicht in innerer Harmonie mit sich selbst leben. Daß Alkohol und Nikotin natürlich ebenfalls tabu sind, ist klar. Jungfrauen sind ja schon von Haus aus dagegen, ihrem Körper Gift zuzuführen. Selbstverständlich zunächst aus gesundheitlichen Gründen – um so besser, wenn's dann auch der Schönheit dienlich ist.

So manche Jungfrau lebt ständig am Rande eines Nervenzusammenbruchs. Job und Familie, Gesundheit und Hobby – und in allem wollen Sie perfekt sein. Das zeigt sich bald in Ihrem Gesicht. Ihre Haut wird grau und schlaff, erste Falten stellen sich ein. Abhilfe schafft auch hier bewußte Entspannung. Sorgen Sie für Abwechslung im täglichen Einerlei, brechen Sie aus dem grauen Alltagstrott aus! Bedenken Sie: Auch Kleinigkeiten können Ihr Leben verschönern. Sie sollten sich nicht von kleinlichem Ärger beherrschen lassen. Lernen Sie lieber, das Leben gelassen anzugehen. Das ist gar nicht so schwierig – und tut Ihrer Seele und Ihrer Schönheit gut.

KAPITEL
♍
8
X XI XII I II

Wie die Jungfrau an den Sternhimmel kommt

Um Ihr Sternbild, liebe Jungfrau, ist am Firmament ein regelrechter Streit entbrannt. Das zweitgrößte Sternbild am Firmament (nach der unbekannteren Wasserschlange) ist Ihnen gewidmet. Mehrere Göttinnen nehmen für sich in Anspruch, in dem Zeichen, das die Griechen Parthenos nannten, am Himmel zu stehen.

Der Mythos

Ob Dike oder Demeter oder ältere babylonische Vorläuferinnen – die Jungfrau am Sternhimmel wurde meist mit einer Kornähre dargestellt, dem Symbol für die reiche Ernte.

Da gibt es zunächst einmal Dike, die Göttin der Gerechtigkeit, eine Tochter von Göttervater Zeus und seiner ersten Gattin (vor Hera), der Titanin Themis. Dike soll im „goldenen Zeitalter" auf der Erde gelebt haben, als Kronos noch im griechischen Olymp herrschte. Es war die Zeit von Frieden und Glück, von ewigem Frühling, in dem die Äcker von selbst Früchte trugen und die Menschen niemals alterten. Armut, Kummer, Verbrechen oder Krieg gab es nicht. Dike wandelte unter den Menschen und spendete Weisheit und Gerechtigkeit. Diese paradiesischen Zustände konnten natürlich nicht lange anhalten. Es kam, wie es kommen mußte: Zeus stürzte seinen Vater Kronos, das silberne Zeitalter begann. Der neue Göttervater führte als erstes einmal die vier Jahreszeiten ein (ihm haben wir also den gräßlich-grauen November zu verdanken und so manch verregneten April). In dieser Zeit wurden die Menschen streitsüchtig (kein Wunder bei diesem Wetter!) und ehrten die Götter nicht mehr. Dike kam mit diesen modernen Sitten nicht so recht klar. Sie erfand sozusagen die Nostalgie, denn sie sehnte sich zurück nach den guten, alten Zeiten. All ihre Beschwörungen und Bitten halfen nichts. Die Menschen blieben nicht nur so, wie sie waren, sondern wurden – im bronzenen und eisernen Zeitalter – noch brutaler und lebten gänzlich ohne Sitte und Moral (daran hat sich bis heute nichts mehr geändert). Dike konnte das alles nicht mehr ertragen und verließ die Erde. Am Himmel fand sie ein neues Zuhause.

Eine andere Sage betrifft die griechische Göttin des Getreides, Demeter. Sie glaubte sich ebenfalls als Jungfrau an den Himmel versetzt. Auf der Suche nach ihrer Tochter Persephone (auch Kore genannt), die von ihrem Onkel Hades auf Nimmerwiedersehen in die Unterwelt entführt worden war, rief Demeter Zeus zu Hilfe und

schloß einen Kompromiß: Einen Teil des Jahres verbrachte Persephone künftig bei ihrer Mutter, den Rest des Jahres im Reich des Todes bei ihrem Gatten. So wurde auch der Wechsel der Jahreszeiten erklärt.
Die Jungfrau wird auf alten Sternkarten oft mit einer Ähre in der Hand dargestellt. Damit kommt dann die dritte Göttervariante ins Spiel: Möglicherweise handelt es sich bei dem Sternbild nämlich auch um Atargatis, den syrischen Fruchtbarkeitsgott.
Noch eine vierte Version gefällig? Der altgriechische Gelehrte Eratosthenes (275–195 v. Chr.) und der christliche Gelehrte Hyginus (Papst um 140) nennen Tyche, die Göttin des Schicksals, als Urbild der Jungfrau.
Der guten Dinge sind im Fall des Sternbilds Jungfrau fünf: In manchen Fabeln wird das Tierkreiszeichen auch mit dem ersten Flugzeugerfinder Ikarios in Verbindung gebracht: Ikarios ist als „Bärenhüter“ am Himmel zu sehen, ihm zur Seite steht Vindematrix, die Winzerin. Sie entspricht unserer Jungfrau. Dieser Stern geht am nächtlichen Himmel im August vor der Sonne auf und symbolisiert den Beginn der Weinlese.

Die Kornähre der Jungfrau wird am Firmament von der Spica, dem hell leuchtenden α-Stern, markiert.

Der Sternhimmel

Schon die alten Babylonier sahen in dem Sternbild, das wir heute Jungfrau nennen, eine Kornähre. Diese Ähre ist der Jungfrau als Attribut geblieben; sie wird am Firmament vom α-Stern der Jungfrau, der strahlendhell leuchtenden Spica, gebildet; Cicero hatte diesen Stern einst Spicum genannt. Der hellgelb leuchtende β-Stern erhielt den Namen Zavijava (Winkel, Knick). Der γ-Stern ist ein weiß leuchtendes Doppelsternsystem, das die alten Astronomen Porrima (Göttin der richtigen Geburt) und Postverta (Göttin der verkehrten Geburt) nannten – nachvollziehbare Anspielungen auf den Ursprung der Sternbilddeutungen aus dem alten Fruchtbarkeitskult.

KAPITEL
9
♍

Prominente Jungfrauen – Anekdoten und Histörchen

Damit Sie ein bißchen angeben können, finden Sie für jeden Tag der Jungfrau mindestens einen Prominenten, der es wirklich zu etwas gebracht hat im Leben und den deshalb heute jeder kennt (wenn auch nicht unbedingt liebt!). Sie müssen ihn oder sie ja nicht unbedingt zu Ihrer eigenen Party einladen...

24. August Der amerikanische Schauspieler Steve Guttenberg (1958), bekannt aus *Coocoon* und der *Police Academy*; Travestie-Star „Mary“ Georg Preusse (1950) und *Drombusch*-Vater Hans-Peter Korff (1942).

25. August Ehrengast auf Ihrer Fete: Claudia Schiffer (1970); duften Sound bringt Rockstar Elvis Costello (1954), für österreichischen Schmäh sorgt Klaus Wildbolz (1937).

26. August *Kevin allein zu Haus*-Star Macaulay Culkin (1980) ist gar nicht mehr soo jung...

27. August Golfer Bernhard Langer (1957) bringt Schwung in die Bude, Marianne Sägebrecht (1945) kommt aus *Out of Rosenheim* und Jassir Arafat (1929) legt sein Kopftuch auch heute nicht ab.

28. August Die Schauspielerin Emma Samms (1960) aus den *Colbys* und der deutsche TV-Star Karl-Michael Vogler (1928).

29. August Michael „Jacko“ Jackson (1958) und Frauenschwarm Richard Gere (1949) – wenn das Ihre Party nicht zum Renner macht?! Bayerischen Charme brächte Erni Singerl (1922).

30. August Blödelstar Helge Schneider (1955) und Peter Maffay (1949).

31. August Der russische Tennisstar Andrej Medwedew (1974) sowie der US-Filmschauspieler James Coburn (1928).

1. September Die Sängerin von *Lucilectric,* Luci van Org (1971), *Bee Gee* Barry Gibb (1946) und der italienische Regisseur Vittorio Gassmann (1922).

2. September Der deutsche Auswahl-Fußballer Andy Möller (1967), US-Filmstar Keanu Reeves (1964) und der „Senior des Tennis“ Jimmy Connors (1952).

3. September US-Schauspieler Charlie Sheen (1965) und Kollegin Vivi Bach (1940)

4. September Wolfgang Lenk von den *Prinzen* (1966) und Ministerpräsident Erwin Teufel (1939) aus Baden-Württemberg.

5. September Der deutsche Auswahl-Fußballer Matthias Sammer (1967), der deutsche Regisseur Werner Herzog (1942) sowie US-Sexbombe Raquel Welch (1940).

Der deutsche Popsänger Peter Kent (1948) und Roger Waters (1944) von *Pink Floyd.* **6. September**

Die amerikanische Popsängerin Gloria Gaynor (1949) und die deutsche Schlagersängerin Lena Valaitis (1943). **7. September**

Der Filmstar Mario Adorf (1930) und der deutsche Dirigent Christoph von Dohnányi (1929). **8. September**

David Bennent (1966), der „Oskar" aus der *Blechtrommel,* Skirennfahrer Markus Wasmeier (1963) und Filmstar Hugh Grant (1960). **9. September**

Der Sänger José Feliciano (1948) und Modezar Karl Lagerfeld (1938). **10. September**

Kaiser Franz Beckenbauer (1945), zu dem nichts weiter zu sagen ist, als daß er – nicht nur für Fußballfans – eine bayerische Lichtgestalt ist. **11. September**

Die US-Filmschauspielerin Rachel Ward (1957) und Linda Gray (1940), J.R.'s Gattin in *Dallas* **12. September**

Die Schauspielerin und TV-Moderatorin Maria Furtwängler (1966) und die französische Schauspielerin Jacqueline Bisset (1944). **13. September**

Der deutsche Schauspieler und Autor Martin Sperr (1944) und die Stimme des rothaarigen Kobolds *Pumuckl,* Hans Clarin (1929). **14. September**

Die Kabarettistin und „heilige Hur'" Lisa Fitz (1951) und der amerikanische Erfolgsregisseur Oliver Stone (1946) sowie die TV-Moderatorin und einstige „Miß Germany" Petra Schürmann (1935). **15. September**

Magier David Copperfield (1956) und SPD-Chef Oskar Lafontaine (1943) sowie *Inspektor Columbo* Peter Falk (1927) mit seinem ewig zerknitterten Regenmantel. **16. September**

Formel-1-Rennfahrer Damon Hill (1960) und Bergbezwinger und Überlebenskünstler Reinhold Messner (1944)) sowie Brillenpapst Günther Fielmann (1939). **17. September**

Opernsänger und Showmaster Gunter Emmerlich (1944) und CDU-Fraktionsführer Wolfgang Schäuble (1942). **18. September**

Ex-Model Twiggy (1944) und der britische Schauspieler Jeremy Irons (1942) sowie der legendäre Langstreckenläufer Emil Zatopek (1922). **19. September**

20. September Die Grande Dame des italienischen Films, Sophia Loren (1934).

21. September Die kubanische Popsängerin Gloria Estefan (1957) und Horror-Autor Stephen King (1947), der schweizerische Showmaster und Gourmet Vico Torriani (1920).

22. September Der deutsche Tennisspieler Marc-Kevin Goellner (1961), die amerikanische TV-Schaupielerin Shari Belafonte (1954) und Bestsellerautorin Rosamunde Pilcher (1924).

23. September Rockstar Bruce Springsteen (1949), Schmusesänger Julio Iglesias (1944) und Gaby Dohm (1943) aus der *Schwarzwaldklinik.*

Anekdoten um berühmte Jungfrauen

Felix Mottl

◆ Felix Mottl (24.8.1856) galt schon zu Lebzeiten Wagners als einer der besten Dirigenten der Werke des Bayreuther Meisters. Seine einzigartige Stellung als Wagnerdirigent brachte unter Musikern alsbald den Schüttelspruch auf: „Hör' ich mir von 'nem Trottel viel Mist an oder unter Mottl den Tristan?"

Lyndon B. Johnson

◆ Auch Lyndon B. Johnson (27.8.1908) war, wie einige amerikanische Präsidenten vor und nach ihm, oft in Liebesaffären verwickelt. Einmal sollte eine Mitarbeiterin das Opfer seiner Verführungskunst werden, die gerade zu Besuch auf seiner Ranch in Texas war. Die Auserwählte lag schon in süßem Schlummer, als Johnson sie mit seinem rauhen, texanischen Ton aufschreckte „Rutsch rüber, Baby, hier ist dein Präsident!"

Karl Böhm

◆ Der bedeutende österreichische Dirigent Karl Böhm (28.8.1894) war nach einem Konzert in Tokio in ein Teehaus eingeladen worden. Das Essen wurde traditionsgemäß mit Stäbchen eingenommen. Verzweifelt mühte sich Böhm eine Zeitlang ab und meinte dann resignierend: „Mit aan Staberl kann i ganz gut Geld verdienen, aber mit zwaa kann i glatt verhungern!"

♦ Der Berliner Bankier Carl Fürstenberg (28.8.1894) kam erschöpft von der Arbeit nach Hause. Seine Frau empfing ihn mit der Botschaft: „Weißt du, wer gestorben ist?" Fürstenberg darauf müde: „Mir ist jeder recht!"

Carl Fürstenberg

♦ Als Johann Wolfgang von Goethe (28.8.1749) einmal im Hause Friedrich Schillers auf den Hausherrn warten mußte, entdeckte er auf dessen Schreibpult ein Blatt mit zwei angefangenen Versen: „Er saß auf ihres Bettes Rand / Und spielte mit den Flechten." Goethe, der mit dem als prüde verflüsterten Schiller schon manche Xenie gewechselt hatte, griff zur Feder und vollendete: „Das tat er mit der linken Hand / Was tat er mit der rechten?"

Johann Wolfgang von Goethe

♦ Der Komponist Anton Bruckner (4.9.1924) war Frauen gegenüber sehr schüchtern und blieb zeitlebens unverheiratet. Bei einer Abendgesellschaft war er angesichts seiner Tischdame in tiefes Schweigen versunken. Nachdem Suppe und Hauptgang aufgetragen worden waren, wandte sich die Dame an Bruckner: „Ihretwegen", sagte sie, „habe ich mich heute besonders schön angezogen, Herr Doktor. Und Sie sagen kein einziges Wort!" Erschrocken stotterte Bruckner: „Mein Gott – dös is – wegen mir – da hätten S' gar nix anziehen müssen..."

Anton Bruckner

♦ Ludwig XIV. (5.9.1638) fragte einmal Kardinal Mazarin, ob er den Marquis von Lyon für einen ehrlichen Menschen halte. Der Kardinal überlegte kurz und meinte: „Im Augenblick vielleicht nicht, Sire, aber geben Sie ihm eine luxuriöse jährliche Rente, und er wird bestimmt ehrlich."

Ludwig XIV.

♦ Franz Joseph Strauß (6.9.1915) galt als Mann, der seine bajuwarische Herkunft niemals verleugnete. Man erwartete geradezu, daß er sich stets zum Freistaat bekannte. Als Strauß einmal die Industriemesse in Hannover besuchte, erklärte er in seiner Ansprache entschuldigend: „Sicher habe ich viele enttäuscht, aber im Ausland trage ich grundsätzlich keine Lederhosen!"

Franz Joseph Strauß

Viktor Meyer

◆ Der Naturwissenschaftler Viktor Meyer (8.9.1848), einer der Mitbegründer der modernen organischen Chemie, gestand einem Freund: „Eigentlich wollte ich Mathematik studieren, aber nachdem ich drei Jahre lang in der preußischen Armee gedient habe, begnüge ich mich mit dem Studium der Chemie, denn ich habe mir abgewöhnt, logisch zu denken."

Max Reinhardt

◆ Der Mitbegründer der Salzburger Festspiele, der Regisseur Max Reinhardt (9.9.1874), war mit Leib und Seele Theatermann. Er verlangte sich selbst und auch seinen Kollegen stets das Beste ab. Als man vor den Endproben einer neuen Inszenierung stand, waren alle – es war bereits 23 Uhr – redlich erschöpft. Reinhardt unterbrach die Probe mit den Worten: „Ich gehe jetzt ein kleines Mittagsschläfchen halten. Um 1 Uhr treffen wir uns alle wieder!"

Eduard Hanslick

◆ Eduard Hanslick (11.9.1825) war einer der bedeutendsten Musikkritiker seiner Zeit. Zwar fürchtete man ihn wegen seines unbestechlichen Urteils, aber als Gesellschafter war Hanslick sehr beliebt. Einmal war er als Gast auf ein Fest der Wiener Gesellschaft geladen worden, und man bat ihn – wie so oft – um sein Urteil. Die Dame des Hauses ließ sich im Musikzimmer am Flügel nieder und sagte: „Sie lieben doch gute Musik, Herr Professor." Hanslick ließ sich schicksalsergeben in einem Sessel nieder und meinte: „Das macht nichts, spielen sie trotzdem!"

Maurice Chevalier

◆ Der ewig charmante Maurice Chevalier (12.9.1888) konnte es auch im vorgerückten Alter nicht lassen, mit jungen Frauen zu flirten. Eine der solcherart umworbenen Schönen fragte einmal keck zurück: „Was machen Sie denn, Monsieur, wenn ich jetzt ja sage?"

Arnold Schönberg

◆ Der österreichische Komponist und Begründer der Zwölftonmusik Arnold Schönberg (13.9.1874) erhielt, nachdem er 1933 in die USA emigriert war, einige Angebote, Filmmusik zu schreiben. Anfänglich sträubte er sich dagegen und stellte dann so enorme Gagenforderungen, daß man auf ihn verzichtete. Schönberg sagte dazu: „Wenn ich schon Selbstmord begehe, will ich wenigstens gut davon leben können!“

Luigi Cherubini

♦ Bei dem berühmten Opernkomponisten Luigi Cherubini (14.9.1760) sangen und spielten oft junge Leute vor, stets in der Hoffnung, vom Meister ein Empfehlungsschreiben zu bekommen. Als Cherubini wieder einmal lange und geduldig einem angehenden Tenor zugehört hatte, meinte er: „Sie haben eine sehr kräftige Stimme, junger Mann!“ „Oh, wirklich? Vielen Dank, Maestro“, erwiderte der Sänger geschmeichelt. „Ja, wirklich eine kräftige Stimme“, wiederholte Cherubini. „Sie sollten Auktionator werden!“

Iwan Petrowitsch Pawlow

♦ Dem russischen Physiologen Iwan Petrowitsch Pawlow (14.9.1849) saß einmal in einer Prüfung ein Kandidat gegenüber, der kein Wort sprach. Die erste Frage ließ er unbeantwortet, ebenso die zweite. Auch bei der dritten blieb er stumm. „Nun gut“, meinte Pawlow schließlich. „Schweigen wir mal von etwas ganz anderem ...“

Carl Phillip Moritz

♦ Der Schriftsteller Carl Phillip Moritz (15.9.1756) wurde von Freunden gefragt, warum er denn so ausgesprochen zurückgezogen lebe – fast wie ein Einsiedler. Moritz antwortete lakonisch: „In meinem Zimmer habe ich immer recht!“

Hans Albers

♦ Ganz am Anfang seiner Karriere in Berlin war Hans Albers (22.9.1892) oft in Geldverlegenheiten und konnte fällige Rechnungen nicht bezahlen. Trotzdem ließ er es sich nicht nehmen, in den teuersten Restaurants zu speisen. In solch einem Lokal erwischte ihn sein Schneider bei einem Kaviarfrühstück. Entrüstet rief er aus: „Herr Albers, hier essen Sie Kaviar, aber Ihre Anzüge bezahlen Sie nicht!“ Wütend knurrte Albers zurück: „Und woher wissen Sie, daß ich den Kaviar bezahle?“

KAPITEL
♍
10

Goldene Regeln für das Leben als Jungfrau

Sind Sie eine „richtige“ Jungfrau? Wie wirken Sie auf Ihre Mitwelt? Mit goldenen Lebensregeln und Checklisten können Sie sich selbst der Prüfung unterziehen, ob Sie als Jungfrau bestanden haben.

1 Jungfrauen haben ein Faible für Ordnung. Bedenken Sie aber: Ein bißchen weniger Ordnungssinn muß nicht gleich auf schlechte Charakteranlagen hinweisen. Ihre Mitmenschen brauchen vielleicht ein gewisses Chaos, um ihre Kreativität zu entfalten, so wie Sie die Systematik brauchen. Lassen Sie den anderen ihren Willen.

2 Jungfrauen sind pflichtbewußt – bis zum letzten Atemzug. Niemals werden Sie aus dem Büro gehen, bevor Ihre Arbeit nicht perfekt erledigt ist. So positiv das sein mag – es nimmt Ihnen auch manchmal ein wenig Lebensfreude. Mit Entspannung könnten Sie vielleicht weniger verbissen an eine Sache herangehen!

3 Jungfrauen haben eine überragende Intelligenz. Ihnen fällt es leicht, Zusammenhänge zu erfassen und Schlußfolgerungen daraus zu ziehen. Seien Sie aber nicht ungeduldig, wenn Ihr Partner oder Ihre Partnerin nicht ebenso schnell ist. Deswegen ist er/sie nicht weniger wert.

4 Jungfrauen sind präzise. Sie werden niemals eine Arbeit halbfertig zurücklassen – ob das die Tapezierarbeit zu Hause oder der Aktenberg im Büro ist. Dafür stehen Sie ständig unter Streß – vielleicht im Gegensatz zu Ihren Lieben. Sie müssen ja nicht gerade schlampig werden – aber lassen Sie doch hin und wieder mal „alle Fünfe gerade" sein.

5 Jungfrauen sind treu. Wem Sie einmal Ihre Liebe und Ihr Vertrauen schenken, dem werden Sie überallhin folgen. Diese Eigenschaft gehört zu Ihren besten – und Sie werden nie begreifen, daß andere es mit der Treue nicht so genau nehmen. Lieber bleiben Sie allein. Aber es muß nicht unbedingt ein fauler Kompromiß sein, wenn man dem anderen seine etwas gelockertere Lebensart läßt – man könnte es auch als Zeichen der Achtung verstehen.

Jungfrauen behalten gerne recht und können streitsüchtig sein, wenn etwas nicht nach ihrem Willen geht. Aber wenn Sie sich abreagiert haben, ist aller Zorn vergessen. Sie müssen das Ihrem streitbaren Gegenüber nur begreiflich machen. 6

Jungfrauen lassen sich nicht leicht um den Finger wickeln. Sie sind abweisend, jedenfalls so lange, bis man Ihre harte Schale geknackt hat. Vorsicht: Durch Ihre kühle Art entgeht Ihnen so manche sympathische Bekanntschaft. 7

Jungfrauen sind fleißig. Ihre Strebsamkeit führt schon bald zu Wohlstand – und Sie können überhaupt nicht nachvollziehen, warum manche Ihrer Mitmenschen keinen Wert auf materielle Sicherheit legen. Lernen Sie hin und wieder das Leben mehr zu genießen und kümmern Sie sich ab und an ein wenig mehr um ideelle Werte. 8

Jungfrauen sind Hypochonder: Sie kennen Ihren Körper genau, wissen, wann er nicht so ganz in Ordnung ist. Doktern Sie aber nicht zu sehr an sich herum: Nicht jeder Schnupfen wird gleich zur Lungenentzündung, nicht jedes Bauchweh führt zum Magendurchbruch. Aber vielleicht überhören Sie, wenn Sie allzu intensiv in sich selbst hineinhorchen, die ersten Anzeichen einer ernsthaften Erkrankung. 9

Jungfrauen sind nicht gerade romantisch veranlagt. Liebe auf den ersten Blick? Gibt's nicht! Vielleicht mag's Ihr Partner oder Ihre Partnerin aber ein wenig romantisch. Und vielleicht ist der ins Auge gefaßte Wunschpartner nicht davon zu überzeugen, daß sich Liebe systematisch erarbeiten läßt. Lernen Sie, daß Liebe etwas Schönes ist, das man pflegen und hegen muß wie ein kleines Pflänzlein. Sie haben doch einen grünen Daumen – nutzen Sie ihn auch in der Liebe. 10

Checkliste: Sind Sie ein echter Jungfraumann?

		Ja	Nein
1.	Kommen Sie in der Liebe schnell über eine Enttäuschung hinweg?	1	4
2.	Stört Sie, bei aller Liebe, an Ihrer Partnerin immer noch eine Kleinigkeit?	3	1
3.	Machen Sie sich das Leben manchmal schwerer als nötig?	4	3
4.	Sind Sie gesundheitlich immer stabil und auf der Höhe?	1	4
5.	Wenn Sie heiraten, soll Ihre Ehe dann halten, bis daß der Tod Sie scheidet?	3	0
6.	Können Sie sich immer richtig in Szene setzen?	1	3
7.	Schaffen Sie es leicht, die Aufmerksamkeit anderer auf sich zu ziehen?	1	3
8.	Gehen Sie gerne sofort aufs Ganze?	0	2
9.	Ist Ihnen ein sehr ausgeprägtes Pflichtbewußtsein zu eigen?	4	2
10.	Reizt Sie in bestimmten Situationen das Risiko?	1	2

Auswertung

◆ Bis zu 12 Punkten kann man Sie nicht als „typischen" Jungfraumann einordnen. Sie stehen viel zu gerne im Mittelpunkt! Ihre Tüchtigkeit ist zwar in aller Munde – aber Sie genießen es auch, daß alle Sie bewundern.

◆ 13 bis 24 Punkte zeigen, daß Sie zumindest teilweise ein echter Jungfraumann sind. Ihr Arbeitseifer, Ihr Fleiß und Ihre Bescheidenheit werden allgemein anerkannt. Untypisch ist nur, daß Sie sich so ungern in den eigenen vier Wänden aufhalten...

◆ Mit 25 und mehr Punkten ist klar: Sie sind ein Jungfraumann bis auf den Grund! Ihre Gewissenhaftigkeit, Ihr Pflichtbewußtsein und Ihre Verläßlichkeit sowie Ihre Ordnungsliebe machen Sie zu einem typischen Vertreter dieses Sternzeichens.

Checkliste: Sind Sie eine echte Jungfraudame?

		Ja	Nein
1.	Suchen Sie einen Ehemann, für den materielle Absicherung wichtig ist?	3	1
2.	Setzen Sie „weibliche Listen“ ein, um einen Mann zu umgarnen?	1	3
3.	Streiten Sie sich gerne, und geben Sie ungern zu, daß Sie im Unrecht sind?	2	1
4.	Sind Sie als ausgesprochen fleißig bekannt?	3	1
5.	Ist Ihr Schreibtisch oder Ihr Arbeitsplatz immer pedantisch aufgeräumt?	4	0
6.	Beurteilen Sie Freunde und Kollegen nach sehr strengen Maßstäben?	4	1
7.	Glauben Sie, daß Sie sich in Ihren Traummann auf den ersten Blick verlieben werden?	2	4
8.	Sind Sicherheit und Wohlstand für Sie lebenswichtig?	4	1
9.	Haben Sie Angst vor der Zukunft?	1	0
10.	Wenn Sie verliebt sind, schalten Sie Ihren Verstand dann aus?	2	4

Auswertung

♦ Bis zu 12 Punkte: Sie legen nicht sehr viel Wert auf Ordnung – im Gegenteil. Und deshalb können Sie keine „echte“ Jungfrau sein. Denn Sie gehen nicht nur an die Liebe manchmal leichtsinnig heran. Überprüfen Sie in den Aszendententabellen, welches Sternzeichen Sie so beeinflußt.

♦ 13 bis 24 Punkte deuten an, daß Sie eine ganze Menge von einer typischen Jungfrau haben: Fleiß, Ordnungssinn, Pflichtbewußtsein. Lediglich Ihr Durchsetzungsvermögen fällt ein bißchen sehr aus dem Rahmen...

♦ Bei 25 und mehr Punkten ist sonnenklar: Sie sind eine echte Jungfraudame! Ob Intelligenz, Strebsamkeit, Tüchtigkeit oder Ordnungsliebe – nichts fehlt. Ihr Streben nach Sicherheit und Wohlstand ist sehr ausgeprägt.

So finden Sie Ihren Aszendenten

Schritt 1: Bestimmen Sie zunächst anhand der Tabelle 1 die genaue Ortszeit Ihres Geburtsortes. Sollten Sie ihn nicht unter den angegebenen Städten finden, wählen Sie die Ihrem Geburtsort nächstgelegene Stadt. Ziehen Sie (bei Vorzeichen Minus) von Ihrer standesamtlichen Geburtszeit diejenige Minutenzahl ab, bzw. fügen Sie die Minuten (bei Pluszeichen) hinzu, die Sie hinter dem entsprechenden Städtenamen finden.
Zum Beispiel Breslau, Geburtszeit 11.35 Uhr plus 8 Min. = 11.43 Uhr. So erhalten Sie die korrigierte Ortszeit.
(Achtung! In Deutschland, Österreich und in der Schweiz galten verschiedene Sommerzeiten. Sie sind unten kleingedruckt aufgeführt. Fällt Ihr Geburtstag in eine dieser Sommerzeitperioden, müssen Sie eine Stunde – bzw. zwei Stunden bei doppelter Sommerzeit – von Ihrer Geburtszeit abziehen.)

Schritt 2: Suchen Sie jetzt in Tabelle 2 die für Ihren Geburtstag geltende Sternzeit (z.B. 14. September = 23.31 Uhr). Addieren Sie die in Schritt 1 korrigierte Ortszeit mit der Sternzeit (z.B. 11.43 + 23.31 = 35.14). Sollte die Summe größer als 24 sein, ziehen Sie bitte 24 wieder ab (z.B. 35.14 – 24 = 11.14). Wegen der im angenommenen Geburtsjahr 1942 geltenden Sommerzeit wird eine weitere Stunde abgezogen (= 10.14)

Schritt 3: Suchen Sie nun in Tabelle 3 in der Spalte des für Ihren Geburtsort zutreffenden Breitengrades den Zeitraum, in den die in Schritt 2 errechnete Zeitangabe paßt – und lesen Sie in der rechten Randspalte ab, welcher Aszendent Ihre Geburt beeinflußte.

Unser Beispiel

Geburtstag: 14. September 1942, Geburtsort: Breslau (51°), Geburtszeit: 11.35 Uhr

1. Korrektur der Ortszeit des Geburtsortes (+ 8 Min.) = 11.43 Uhr
2. Addition mit Sternzeit (14. September: 23.31) = 35.14 Uhr, Subtraktion von 24 (da Summe größer als 24), = 11.14 Uhr, Subtraktion von 1 Stunde (wg. Sommerzeit 1942) =10.14 Uhr
3. Suchen des Aszendenten in Tabelle 3 unter 51° = Skorpion

Sommerzeit in Deutschland
1916: 30. April, 23 Uhr bis 1. Oktober, 1 Uhr. **1917:** 16. April 2 Uhr bis 17. September, 3 Uhr. **1918:** 15. April, 2 Uhr bis 16. September, 3 Uhr.
1940–1942: 1. April, 2 Uhr bis 2. November, 3 Uhr (durchgehend). **1943:** 29. März, 2 Uhr bis 4. Oktober, 3 Uhr. **1944:** 3 April, 2 Uhr bis 4. Oktober, 3 Uhr. **1945:** 2. April, 2 Uhr bis 16. September, 2 Uhr (in Berlin und in der sowjetischen Besatzungszone vom 24. Mai, 2 Uhr bis 24 September, 3 Uhr doppelte Sommerzeit und vom 24. September, 3 Uhr bis 18. November, 3 Uhr einfache Sommerzeit). **1946:** 14. April, 2 Uhr bis 7. Oktober, 3 Uhr (11. Mai, 3 Uhr bis 29. Juni, 3 Uhr sogen. doppelte Sommerzeit). **1947:** 6. April, 3 Uhr bis 5. Oktober, 3 Uhr. 1948: 18. April, 2 Uhr bis 3. Oktober, 3 Uhr. **1949:** 10. April, 2 Uhr (in der sowjetischen Besatzungszone 3 Uhr) bis 2. Oktober, 3 Uhr.
Sommerzeit in Österreich
1916–1918: wie Deutschland. **1919:** 28. April, 2 Uhr bis 29. September 3 Uhr. **1920:** 5. April, 2 Uhr bis 13. September, 3 Uhr.
1940–1944: wie Deutschland. 1945: 2. April, 2 Uhr bis 18. November, 3 Uhr. **1946–1948** wie Deutschland.
Sommerzeit in der Schweiz
1916: 3. Juni, 2 Uhr bis 30. September, 0 Uhr. **1941:** 5. Mai, 2 Uhr bis 6. Oktober, 0 Uhr. **1942:** 4. Mai, 2 Uhr bis 5. Oktober, 0 Uhr.

Tabelle 1: Berechnung der Ortszeit

Aachen (51°)	– 36 Min.
Augsburg (48°)	– 16 Min.
Aussig (50°)	– 4 Min.
Baden-Baden (49°)	– 27 Min.
Bamberg (50°)	– 16 Min.
Basel (48°)	– 30 Min.
Bautzen (51 °)	– 2 Min.
Berlin (53°)	– 6 Min.
Bern (47°)	– 29 Min.
Bielefeld (52°)	– 26 Min.
Bonn (51°)	– 31 Min.
Braunschweig (52°)	– 18 Min.
Bregenz (47°)	– 21 Min.
Bremen (53°)	– 25 Min.
Breslau (51°)	+ 8 Min.
Brünn (49°)	+ 6 Min.
Chemnitz (51°)	– 8 Min.
Danzig (54°)	+ 15 Min.
Darmstadt (50°)	– 25 Min.
Donaueschingen (48°)	– 26 Min.
Dortmund (52°)	– 30 Min.
Dresden (51°)	– 5 Min.
Düsseldorf (51°)	– 33 Min.
Duisburg (51°)	– 33 Min.
Emden (53°)	– 31 Min.
Emmerich (52°)	– 35 Min.
Erfurt (51°)	– 15 Min:
Essen (51°)	– 32 Min.
Flensburg (55°)	– 22 Min.
Frankfurt a.M. (50°)	– 25 Min.
Frankfurt/Oder (53°)	– 2 Min.
Freiburg (48°)	– 29 Min.
Garmisch (47°)	– 16 Min.
Genf (46°)	– 35 Min.
Görlitz (51°)	+/– 0 Min.
Göttingen (51°)	– 20 Min.
Graz (47°)	+ 2 Min.
Gumbinnen (55°)	+ 29 Min.
Halle/Saale (52°)	– 12 Min.
Hamburg (54°)	– 20 Min.
Hannover (52°)	– 21 Min.
Heidelberg (49°)	– 25 Min.
Hof (50°)	– 12 Min.
Husum (54°)	– 24 Min.
Innsbruck (47°)	– 14 Min.
Jena (51°)	– 14 Min.
Kaiserslautern (49°)	– 29 Min.
Karlsruhe (49°)	– 26 Min.
Kassel (51°)	– 22 Min.
Kiel (54°)	– 20 Min.
Klagenfurt (47°)	– 3 Min.
Koblenz (50°)	– 26 Min.
Köln (51°)	– 32 Min.
Königsberg (55°)	+ 22 Min.
Konstanz (48°)	– 23 Min.
Lausanne (46°)	– 33 Min.
Leipzig (51°)	– 10 Min.
Lienz (47°)	– 9 Min.
Lindau (47°)	– 21 Min.
Linz/Donau (48°)	– 3 Min.
Lübeck (54°)	– 17 Min.
Luxemburg (50°)	– 35 Min.
Luzern (47°)	– 27 Min.
Magdeburg (52°)	– 13 Min.
Mainz (50°)	– 27 Min.
Mannheim (49°)	– 26 Min.
München (48°)	– 14 Min.
Münster (52°)	– 30 Min.
Nürnberg (49°)	– 16 Min.
Oldenburg (53°)	– 27 Min.
Osnabrück (52°)	– 28 Min.
Passau (49°)	– 6 Min.
Regensburg (49°)	– 12 Min.
Rostock (54°)	– 12 Min.
Saarbrücken (49°)	– 32 Min.
Salzburg (48°)	– 8 Min.
Schneidemühl (53°)	+ 7 Min.
St. Gallen (47°)	– 22 Min.
Straßburg (49°)	– 29 Min.
Stuttgart (49°)	– 23 Min.
Trier (50°)	– 33 Min.
Tübingen (49°)	– 24 Min.
Ulm (48°)	– 20 Min.
Villach (47°)	– 4 Min.
Weimar (51°)	– 15 Min.
Westerland/Sylt (55°)	– 27 Min.
Wien (48°)	+ 6 Min.
Wiesbaden (50°)	– 27 Min.
Würzburg (50°)	– 20 Min.
Wuppertal (51°)	– 31 Min.
Zürich (47°)	– 26 Min.

Sommerzeit seit 1980

Von 1980 an gilt in Deutschland (bis 1990 auch DDR), Österreich und in der Schweiz die Sommerzeit – jeweils beginnend um 2 Uhr und endend um 3 Uhr – in den folgenden Zeiträumen.

1980: 6. April bis 28. September. **1981:** 29. März bis 27. September. **1982:** 28. März bis 26. September. **1983:** 27. März bis 25. September. **1984:** 25. März bis 30. September. **1985:** 31. März bis 29. September. **1986:** 30. März bis 28. September. **1987:** 29. März bis 27. September. **1988:** 27. März bis 25. September. **1989:** 26. März bis 24. September. **1990:** 25. März bis 30. September. **1991:** 31. März bis 29. September. **1992:** 29. März bis 27. September. **1993:** 28. März bis 26. September. **1994:** 27. März bis 25. September. **1995:** 25. März bis 30. September. **1996:** 31. März bis 27. Oktober. **1997:** 30. März bis 26. Oktober.

Tabelle 2: Bestimmung der Sternzeit

Tag	Jan. Zeit	Feb. Zeit	März Zeit	April Zeit	Mai Zeit	Juni Zeit	Juli Zeit	Aug. Zeit	Sept. Zeit	Okt. Zeit	Nov. Zeit	Dez. Zeit
1	6.37	8.40	10.34	12.36	14.35	16.37	18.35	20.37	22.39	0.38	2.40	4.38
2	6.41	8.44	10.38	12.40	14.38	16.41	18.39	20.41	22.43	0.42	2.44	4.42
3	6.45	8.48	10.42	12.44	14.42	16.45	18.43	20.45	22.47	0.46	2.48	4.46
4	6.49	8.52	10.46	12.48	14.46	16.49	18.47	20.49	22.51	0.50	2.52	4.49
5	6.53	8.55	10.50	12.52	14.50	16.52	18.51	20.53	22.55	0.54	2.56	4.53
6	6.57	8.59	10.54	12.56	14.54	16.56	18.55	20.57	22.59	0.57	3.00	4.57
7	7.01	9.03	10.58	13.00	14.58	17.00	18.59	21.01	23.03	1.01	3.04	5.01
8	7.05	9.07	11.02	13.04	15.02	17.04	19.03	21.05	23.07	1.05	3.08	5.05
9	7.09	9.11	11.06	13.08	15.06	17.08	19.07	21.09	23.11	1.09	3.11	5.09
10	7.13	9.15	11.10	13.12	15.10	17.12	19.10	21.13	23.15	1.13	3.15	5.13
11	7.17	9.19	11.13	13.16	15.14	17.16	19.14	21.17	23.19	1.17	3.19	5.17
12	7.21	9.23	11.17	13.20	15.18	17.20	19.18	21.21	23.23	1.21	3.23	5.21
13	7.25	9.27	11.21	13.24	15.22	17.24	19.22	21.25	23.27	1.25	3.27	5.25
14	7.29	9.31	11.25	13.27	15.26	17.28	19.26	21.29	23.31	1.29	3.31	5.28
15	7.33	9.35	11.29	13.31	15.30	17.32	19.30	21.32	23.35	1.33	3.35	5.32
16	7-37	9.39	11.33	13.35	15.34	17.36	19.34	21.36	23.39	1.37	3.39	5.36
17	7.41	9.43	11.37	13.39	15.38	17.40	19.38	21.40	23.43	1.41	3.43	5.40
18	7.45	9.47	11.41	13.43	15.42	17.44	19.42	21.44	23.46	1.45	3.47	5.44
19	7.48	9.51	11.45	13.47	15.45	17.48	19.46	21.48	23.50	1.49	3.51	5.48
20	7.52	9.55	11.49	13.51	15.49	17.52	19.50	21.52	23.54	1.53	3.55	5.52
21	7.56	9.59	11.53	13.55	15.53	17.56	19.54	21.56	23.58	1.57	3.59	5.55
22	8.00	10.02	11.57	13.59	15.57	18.00	19.58	22.00	0.02	2.01	4.03	5.59
23	8.04	10.06	12.01	14.03	16.01	18.03	20.02	22.04	0.06	2.04	4.07	6.03
24	8.08	10.10	12.05	14.07	16.05	18.07	20.06	22.08	0.10	2.08	4.11	6.07
25	8.12	10.14	12.09	14.11	16.09	18.11	20.10	22.12	0.14	2.12	4.15	6.11
26	8.16	10.18	12.13	14.15	16.13	18.15	20.14	22.16	0.18	2.16	4.19	6.15
27	8.20	10.22	12.17	14.19	16.17	18.19	20.18	22.20	0.22	2.20	4.22	6.19
28	8.24	10.26	12.20	14.23	16.21	18.23	20.21	22.24	0.26	2.24	4.26	6.22
29	8.28	10.30	12.24	14.27	16.25	18.27	20.25	22.28	0.30	2.28	4.30	6.26
30	8.32		12.28	14.31	16.29	18.31	20.29	22.32	0.34	2.32	4.34	6.30
31	8.36		12.32		16.33		20.33	22.36		2.36		6.34

Tabelle 3: Bestimmung des Aszendenten

47° Uhrzeit	48° Uhrzeit	49° Uhrzeit	Aszendent
0.36 - 3.18	0.34 - 3.16	0.31 - 3.14	Löwe
3.19 - 6.00	3.17 - 6.00	3.15 - 6.00	Jungfrau
6.01 - 8.41	6.01 - 8.43	6.01 - 8.45	Waage
8.42 - 11.23	8.44 - 11.27	8.46 - 11.31	Skorpion
11.24 - 13.50	11.28 - 13.55	11.32 - 14.00	Schütze
13.51 - 15.41	13.56 - 15.45	14.01 - 15.48	Steinbock
15.42 - 16.58	15.46 - 17.00	15.49 - 17.02	Wassermann
16.59 - 18.00	17.01 - 18.00	17.03 - 18.00	Fische
18.01 - 19.01	18.01 - 18.59	18.01 - 18.57	Widder
19.02 - 20.19	19.00 - 20.15	18.58 - 20.11	Stier
20.20 - 22.10	20.16 - 22.05	20.12 - 22.00	Zwillinge
22.11 - 0.35	22.06 - 0.33	22.01 - 0.30	Krebs
50° Uhrzeit	**51° Uhrzeit**	**52° Uhrzeit**	
0.26 - 3.12	0.21 - 3.10	0.16 - 3.08	Löwe
3.13 - 6.00	3.11 - 6.00	3.09 - 6.00	Jungfrau
6.01 - 8.47	6.01 - 8.49	6.01 - 8.52	Waage
8.48 - 11.35	8.50 - 11.39	8.53 - 11.43	Skorpion
11.36 - 14.05	11.40 - 14.10	11.44 - 14.15	Schütze
14.06 - 15.52	14.11 - 15.56	14.16 - 16.01	Steinbock
15.53 - 17.04	15.57 - 17.06	16.02 - 17.09	Wassermann
17.05 - 18.00	17.07 - 18.00	17.10 - 18.00	Fische
18.01 - 18.55	18.01 - 18.53	18.01 - 18.51	Widder
18.56 - 20.07	18.54 - 20.03	18.52 - 19.59	Stier
20.08 - 21.55	20.04 - 21.51	20.00 - 21.45	Zwillinge
21.56 - 0.25	21.52 - 0.20	21.46 - 0.15	Krebs
53° Uhrzeit	**54° Uhrzeit**	**55° Uhrzeit**	
0.13 - 3.06	0.08 - 3.04	0.05 - 3.01	Löwe
3.07 - 6.00	3.05 - 6.00	3.02 - 6.00	Jungfrau
6.01 - 8.54	6.01 - 8.56	6.01 - 8.58	Waage
8.55 - 11.47	8.57 - 11.52	8.59 - 11.57	Skorpion
11.48 - 14.20	11.53 - 14.26	11.58 - 14.30	Schütze
14.21 - 16.06	14.27 - 16.10	14.31 - 16.14	Steinbock
16.07 - 17.11	16.11 - 17.14	16.15 - 17.16	Wassermann
17.12 - 18.00	17.15 - 18.00	17.17 - 18.00	Fische
18.01 - 18.49	18.01 - 18.46	18.01 - 18.44	Widder
18.50 - 19.55	18.47 - 19.50	18.45 - 19.46	Stier
19.56 - 21.39	19.51 - 21.33	19.47 - 21.38	Zwillinge
21.40 - 0.12	21.34 - 0.07	21.39 - 0.04	Krebs

Friederika-Luba von Cohlem
praktiziert seit Jahren erfolgreich als Astrologin in Bayern und hat als Fachberaterin an zahlreichen Buchprojekten mitgewirkt.

Christina Zacker
ist Journalistin und Autorin zahlreicher Bücher, u.a. zu esoterischen und astrologischen Themen. Für eine Reihe von Zeitschriften hat sie Jahres- und Monatshoroskope erstellt und redaktionell betreut.

Olaf Thiede
lebt als Graphiker und Landschaftsmaler in Potsdam-Babelsberg und hat sich nach einer Vielzahl von Ausstellungen verstärkt der Buchillustration zugewandt.

Dieses Buch wurde auf chlorfrei gebleichtem und säurefreiem Papier gedruckt.

ISBN 3 8068 1746 4

Umschlaggestaltung und Layout: Rincón², Design & Produktion GmbH, Köln
Redaktion: Heike Pressler, München/Vera Baschlakow
Schlußredaktion: Thomas Wieke
Herstellung: Peter Pleischl, Kommunikations-Design, München
Satz: Renate Draeger, München
Titelbild: Rincón², Design & Produktion GmbH, Köln/M. Klinnert
Illustrationen: Olaf Thiede, Potsdam
Druck: Ernst Uhl, Radolfzell

817 2635